Erstkontakt Buddhismus

Finde Dich Selbst

-Punkt-

Andreas Meyer

Copyright © 2014 Andreas Meyer

All rights reserved.

ISBN: 9783734744730

3. AUFLAGE
ALLE RECHTE VORBEHALTEN

GEDRUCKT AUF
BLACK & WHITE ON CREAM PAPER 90 G
256 PAGES
SACHBÜCHER / PHILOSOPHIE / RELIGION

© ANDREAS MEYER
ANDREASMEYER-BUDDHISMUS.DE
INFO@ANDREASMEYER-BUDDHISMUS.DE

**HERSTELLUNG UND VERLAG
BOD - BOOKS ON DEMAND, NORDERSTEDT**

DIE DEUTSCHE NATIONALBIBLIOTHEK VERZEICHNET DIESE PUBLIKATION IN DER DEUTSCHEN NATIONALBIBLIOTHEK;
DETAILLIERTE BIBLIOGRAPHISCHE DATEN SIND IM INTERNET ÜBER HTTP://DNB.D-NB.DE ABRUFBAR

ISBN: 9783734744730

In Gedenken an meinen Vater
Dieter Meyer
1943 - 2002

Erstkontakt Buddhismus

Andreas Meyer

Der Buddhismus ist so viel mehr als das, was wir oberflächlich in den Buchläden überfliegend lesen. Wenn es uns einmal in den Bereich Lebenskunst und Spiritualität, Geisteswissenschaften und Religionen verschlagen hat, lesen wir Buchtitel wie zum Beispiel:

- In der Ruhe liegt die Kraft
- Lasse los, was dich belastet
- Das Glück ist immer da

usw.

Wie viele Menschen lesen diese Buchtitel, lächeln in sich hinein und denken sich ihren Teil. Und dennoch hat der Buddhismus in den letzten Jahren in Europa und den USA immer größeren Zuspruch erhalten.
Viele Menschen haben die vielschichtigen Sichtweisen des Buddhismus mittlerweile kennen und schätzen gelernt.

Die oben genannten Titel und Aussagen, welche jeder Mensch sicher schon einmal gehört hat, sind nicht neu.
Wenn sich zwei Personen lautstark streiten und ein Dritter geht mit dem Hinweis vorbei, „in der Ruhe liegt die Kraft", könnte das auch für den Dritten unangenehm werden.

Den Streitenden ist die Logik in diesem Satz sicher bekannt, nur in diesem Moment wenig hilfreich für sie. Dass Autoren mit diesen Sätzen uns in erster Linie auf die vielschichtigen

Möglichkeiten in uns selbst hinweisen wollen, wird nicht sofort erkannt.

Insofern werden Bücher mit solchen oder ähnlichen Titeln eher von Personen gekauft, welche schon Kenntnisse oder erste Kontakte mit dem Buddhismus hatten.

Die hohe Menge an Büchern, welche mittlerweile auf dem Markt zu finden ist, spiegelt das stetig steigende Interesse am Buddhismus in Deutschland und Europa wider. Diese Vielzahl allerdings kann es einem interessierten Laien erschweren, das für ihn passende Buch zu finden. Wie also erreiche ich mit meinem Buch, aus der Vielzahl der anderen Bücher heraus, die Leser? Als ich 2011 begann, dieses Buch zu schreiben, musste ich mich dieser Frage stellen.

Stundenlange Sitzungen am Grafiktableau, welche in einprägsamen und zum Teil auch ansprechenden Cover-Layouts, aber leider niemals in einem „AHA"-Cover endeten.
Einer guten Freundin teilte ich meine erfolglosen Versuche mit und bat wohl unterschwellig um Mitleid. Als wenn sie nie etwas anderes gemacht hätte, sah sie mich nur kurz an und sagte mir dann kurz und knapp: „Kehre zum Wesentlichen zurück, es geht doch um unser tiefstes Ich, was weiß ich von mir? Wie viele Menschen würden, so banal es sich auch anhört, gerne mehr über sich selbst erfahren?"

Diese Freundin hatte vor Kurzem die Stadt gewechselt und war sich über die Beziehung mit ihrem langjährigen Freund nicht mehr im Klaren. Wollte sie das noch alles? Diese Frage stellte sie sich mit der Zeit immer häufiger!
Jetzt, viele neue Gesichter, neues Umfeld, neuer Arbeitgeber, neuer Alltagsrhythmus.

Sie sagte mir, „Finde dich selbst" wäre ein guter Buchtitel.
Würde ich diesen Buchtitel jetzt in einem Buchladen sehen, würde ich es mir kaufen.
Ganz egal, ob es sich um eine Religion oder einen psychologischen Ratgeber handeln würde.
Damit brachte sie es auf den Punkt.

Wir neigen oft dazu, über diverse Umwege unser Ziel erreichen zu wollen, ohne daran zu denken, dass es auch viel einfacher geht. Unser Verstand bildet die Grundlage für unseren doch allzu häufig eingesetzten Automatismus. Eben dieser Verstand ist in starker Weise von unserem bis dato gelebten Leben geprägt worden. So stark, dass ein Umdenken in eine andere Richtung fast nur noch mit der Hilfe eines guten Buches oder einer außenstehenden Person möglich ist.
Ich möchte Ihnen mit diesem Buch die Möglichkeit geben, einmal in eine andere Richtung zu schauen.

Sie verlieren dadurch nichts.
Sie können nur etwas dazugewinnen.

In diesem Buch geht es immer wieder um die eigene Person. Der Buddhismus ist ein nützliches Hilfsmittel, seine eigenen Verhaltensmuster und die unserer Mitmenschen besser kennenzulernen und somit auch besser zu verstehen.

Gefolgt von der logischen Erkenntnis, warum wir und unsere Mitmenschen so handeln, wie wir handeln, folgt das Kennenlernen der richtigen Handlungsweisen. Diese Erklärungen des Buddhismus sind zum Teil so einfach und einleuchtend, dass sie bei Ihnen, liebe Leser, ein ungläubiges Lächeln ins Gesicht zaubern werden.

Warum sind wir da nicht selber drauf gekommen.

Es ist nicht neu, dass auch die moderne Psychologie die buddhistischen Mittel und Wege in der heutigen Zeit erfolgreich einsetzt.
Es sind die Mittel und Wege, welche Buddha bereits vor 2.500 Jahren auf den Weg brachte.

Erstkontakt Buddhismus

Finde dich Selbst

Einsam geht's durch Sturm und Dunkelheit,
für dich im Moment eine schwere Zeit,
wohin dein Weg dich auch immer führt,
er ist ungewiss, aber das hast du gespürt.

Weiter und weiter, trägt dich der Weg in die Ferne,
du fühltest dich wohl und warst hier gerne,
jetzt wird es kalt, war dieser Weg nun richtig,
was in deinem Leben, glaubst du, ist wirklich wichtig.

Hin- und hergerissen von Ideen und dem möglichen Ziel,
vergisst du die Realität, das hier ist kein Spiel,
nicht zu wissen, wo wir hingehören oder stehen,
der Ausweg ist nachzudenken und nicht zu flehen.

Verprelle niemanden, denn mit allen bist du verbunden,
gehe nicht einsam und siehe nur die Wunden,
werde eins mit allen und vergiss die Einsamkeit,
siehe die anderen und spüre die Gemeinsamkeit.

Erstkontakt Buddhismus

Bis hierher bist du weit gereist,
nun aber, entscheide dich für deinen freien Geist,
hinter dir liegt Sturm und Dunkelheit,
aber jetzt stehe auf und sei bereit.

Nimm dein Leben nun selber in die Hand,
befreie dich vom Marionettenband,
die Freiheit, welche in jedem von uns steckt,
steckt auch in dir, nur unentdeckt.

Der Sturm und die Dunkelheit, sie werden leise gehen,
ab jetzt gehst du gerade und wirst aufrecht stehen,
gehe sorgsam vorwärts, mit einem freien Geist,
wohl in dem Wissen, du bist weit gereist.

Andreas Meyer 2011

Vorwort   1
- Sinn des Lebens   6
- Der erste Kontakt   10

Kapitel 1   16
Grundlagen des Buddhismus

- Wer war Buddha   17
- Was ist Buddhismus   24
- Was ist Karma   34
- Die vier edlen Wahrheiten   45
- Der achtfache Pfad bzw. das Rad des Dharma   52
- Die Schulen   64
- Im Zug mit dem kleinen Hasen   78
- Wiedergeburt   90

Kapitel 2   98
Sich selbst wahrnehmen

- Die Gewohnheitsenergie   99
- Was ist real   105
- Wer bin ich / Was entscheide ich   111
- Die Illusion vom Ich oder „So bin ich nun mal"   117
- 60.000 Gedanken   123
- Die drei Bewusstseinsebenen   127
- Wer hat hier die Kontrolle   137

Kapitel 3   143
Die erweiterte Sichtweise

- Achtsamkeit   150
- Unser Körper   155
- Die eigene Zufriedenheit kultivieren   158
- Der Stadtprediger   162
- Wir sollten zuhören   165
- Auf die Lösung warten   169
- Umgang mit Ärger   173
- Umgang mit der Liebe   177

Kapitel 4   183
Meditationen

- Ellens Geschichte und ihr Vortrag zur Meditation   185
- Atemmeditation   204
- Wolkenmeditation   207
- Kerzenmeditation   209
- Körpermeditation   211

Schlusswort   214

Begriffserklärungen   218

VORWORT

Seit vielen Jahren beschäftige ich mich nun mit dem Buddhismus, seinen Lamas, Geshes, Karmapas, Yogis und Oberyogis. Was 2002 zu einem Abenteuer auf der Suche nach dem Sinn des Lebens begann, entwickelte sich schnell zu einer tiefen Erkenntnis:

Ich hätte früher damit anfangen sollen.

Aber letztendlich bin ich froh und dankbar, überhaupt mit dem Thema in Berührung gekommen zu sein. Es ist kein Geheimnis, dass viele Menschen erst über gewisse Dinge nachdenken, wenn es in den meisten Fällen bereits zu spät ist. Es ist auch seltsam, wie wir uns von Gewohnheiten und den scheinbar unveränderlichen Zuständen blenden lassen und diese als gegeben hinnehmen.

Sei es der tägliche Trott, die eingeredete Zufriedenheit (so ist das normal, akzeptiere das), der gesellschaftliche Druck oder die Unwissenheit, welche uns heute in vielen Bereichen gedankenlos durchs Leben führt.
Der Grund ist letztendlich egal. Es ist und bleibt falsch, die uns innewohnende Macht, alles jederzeit ändern zu können, nicht zu nutzen.

Der Druck um uns herum nimmt immer mehr zu. Die Begriffe Burnout, Depressionen,

Angstzustände und Mobbing fallen in der heutigen Zeit deutlich häufiger als noch vor 20 Jahren.

In einem Wirtschafts- und Denksystem wie dem des mittleren Europas hat man schnell das Empfinden, dass das „Leben" des Menschen auf der Strecke bleibt und stattdessen ein „Funktionieren" an dessen Stelle gerückt wurde.

Wir leben mittlerweile in einer Gesellschaft, die Erfolg mit Masse und Schnelligkeit definiert. Wer nicht mitkommt, fällt aus dem Raster. Wir lernen von Kind auf, wer was leistet, wird später die Möglichkeit haben, sein Leben angenehmer und selbstbestimmter zu gestalten. Das alles bezieht sich aber nur auf die äußeren Gegebenheiten.

Die geistige Schulung findet kaum bis gar nicht statt. Das hat zur Folge, dass die Anhaftung an materielle Dinge anerzogen wird. Sei es das eigene Haus, das neue Auto, neueste Computer oder auch anderes. Für diese materiellen Dinge werden finanzielle Verpflichtungen eingegangen, die bei vielen gar nicht vorhanden sind.

Aber was ist ein Mensch ohne diese Dinge?

Er fällt aus dem Rahmen und wird ausgegrenzt. Erfolg hat heute der, der etwas Materielles vorzuweisen hat. Am deutlichsten wird das bei der Suche nach einem Arbeitsplatz. Wer wird heute noch zu einem Vorstellungsgespräch gebeten, wenn die theoretischen Voraussetzungen nicht erfüllt werden. Die Persönlichkeit des Menschen wird in vielen Fällen nicht mehr beurteilt.

Ein weiteres Problem unserer Gesellschaft ist die permanente Unzufriedenheit mit dem bereits Erreichten. Der Konsum, in welchem wir uns heute bewegen, ist auf der einen Seite ein großes Glück, auf der anderen Seite führt er uns von einem Produkt zum nächsten, ohne uns die Zeit zu lassen, uns an dem Vorherigen zu erfreuen oder dieses ausreichend zu nutzen. Können und wollen wir aus diesem Kreislauf ausbrechen?

Dieses Buch soll unterhalten und neugierig machen. Vor allem aber soll es Einblicke geben in eine 2.500 Jahre alte Erkenntnis, entstanden im Kopfe eines Mannes, welcher ursächlich für das Glück und die Zufriedenheit von Millionen Menschen weltweit verantwortlich ist und war.

Da der Buddhismus keine Glaubensreligion, sondern eine Erfahrungsreligion ist, steht er nicht in Konkurrenz mit vorhandenen Gottheiten. Die Lehre Buddhas ist darauf bedacht und ausgerichtet, keine vorhandene Religion zu verdrängen.

Wenn wir uns heute in den Wohnzimmern unserer Freunde, unserer Bekannten oder auch von Familienmitgliedern umsehen, werden wir häufig

etwas aus dem Bereich des Buddhismus vorfinden. Sei es ein Buddha als sitzende Statue oder ein entsprechendes Bild.
In der Regel farblich mediterran gehalten und zum Teil in Bambus gebettet.
Diese Statuen und Bilder wirken entspannend und beruhigend. Sie gehören seit einiger Zeit in vielen Haushalten als fester Bestandteil zur Wohnungseinrichtung.

Natürlich sind dadurch nicht alle Buddhisten.
Aber das, was es ausstrahlt, ist für viele genau das Gegenteil von dem, was wir alltäglich erleben.

Unserem Stress, der Unruhe und Hektik im Alltag würden wir gern ab und zu entfliehen. Sofern wir uns darauf einlassen, kann die bloße Anwesenheit solcher „Einrichtungsgegenstände" und deren Betrachtung, zumindest für einen kurzen Moment, diese Flucht ermöglichen.
Aus diesem Grunde umgeben sich immer mehr Menschen in ihren eigenen Räumlichkeiten gerne mit den Bildern oder Statuen Buddhas.
Was passiert aber, wenn jemand entscheidet, sich intensiver mit dem Buddhismus zu beschäftigen? Im Zeitalter von Google und Internet sollte es nicht schwer sein, entsprechende Informationen zu erhalten.

Die einen lernen bei der Recherche viel Interessantes dazu und integrieren das neue Wissen vielleicht hier und da in ihr Leben. Andere wiederum finden das Thema dann doch irgendwie zu spirituell und lassen nach kurzer Zeit wieder davon ab.

Und wieder andere erkennen sich in meiner Geschichte an der einen oder anderen Stelle vielleicht wieder.

Sinn des Lebens

2002 war das Jahr, welches mein Leben erheblich verändern sollte. Mein Vater starb nach langer Krankheit.
Da saß ich nun im Krankenhaus und sah ihn an. Es war bereits der zweite Tag, an welchem er im Koma lag.
Die Zeit am Krankenbett zeigte mir erstmals auf, wie vergänglich das Leben sein kann. Nie war ich vorher so intensiv mit dem Tod konfrontiert worden.
Er hatte sein Leben lang hart gearbeitet und nun, mit nicht einmal sechzig Jahren, soll alles vorbei sein?

Ich wünschte mir, er hätte mehr Zeit für sein Leben gehabt. Als Sohn einer alleinerziehenden Mutter, mit einer Schwester, kam er aus einer der vielen Familien, welche es in der damaligen Nachkriegszeit nicht leicht hatten. Dennoch tat er alles ihm Mögliche, mir und meiner Schwester ein guter Vater und meiner Mutter ein guter Ehemann zu sein.

Ich betrachtete meine eigene Vergangenheit.

Die Ähnlichkeit mit meinem Vater war erstaunlich. Im Wesen und auch im Äußeren glichen wir uns sehr.

Er hatte sein Leben lang körperlich schwer

gearbeitet und Urlaube waren auch nur bedingt möglich. War das alles?
Und in zwanzig Jahren, werde ich dann auch hier liegen? In diesen Stunden wurde mir mehr und mehr bewusst, dass ich, würde es so weitergehen, ein ähnliches Leben führen würde.

Das aber langte mir auf einmal nicht mehr. Es gingen mir so viele Dinge durch den Kopf. Vieles war sinnvoll und vieles auch nicht. Der Vorteil dieses Grübelns aber war, dass ich das erste Mal in meinem Leben über Wertvorstellungen, Lebensinhalte, Nächstenliebe und Ähnliches nachdachte. Nicht oberflächlich, wie sicherlich vorher schon einmal. Nein, sehr intensiv!

Was ist wirklich wichtig im Leben eines Menschen?
Wir alle hinterfragen sicherlich irgendwann einmal den „Sinn des Lebens"!

Aber was dann? Nichts!!!

Wir machen weiter, wie vorher auch. Was sollten wir schon ändern? Wir sind schließlich so, wie wir sind! Mal ehrlich, wer hat das nicht auch schon einmal erlebt?

Am dritten Tag, es war Nachmittag, der Herzschlag meines Vaters war nur noch in immer länger werdenden Abständen zu hören, bis kurze Zeit später der Tod meines Vaters durch die Null-Linie auf der Apparatur zu sehen und mit einem

durchdringenden Pfeifton auch zu hören war.
Der Tod, er lag direkt vor mir. Ich hätte ihn greifen können. Das ist also der Moment und der Zustand, vor dem ein Großteil der Menschheit so eine große Angst hat.

Ich aber hörte in genau diesem Moment auf zu weinen. Ich sah mir die Leiche an und war auf einmal sicher, dass es sich hierbei nicht mehr um meinen Vater handelte. Wo auch immer er jetzt sein möge, hier war er nicht mehr!
Was für ein Gefühl? Eben noch Schmerz und Unsicherheit, jetzt aber in dem festen, ja unerschütterlichen Wissen, dass es ihm nun gut gehen würde.

Es war so surreal, welche Gefühle auf einmal in mir hochkamen. Da ich zu diesem Zeitpunkt mit keiner Religion oder Lebensphilosophie zu tun hatte, erstaunte mich das Empfundene umso mehr. Ich war seit jeher ein Mensch, welcher nur glaubte, was er auch sah.

Aber langsam begann ich zu begreifen, dass es noch so viel mehr gab. Ich konnte meine Gefühle und Gedanken zu diesem Zeitpunkt noch nicht einordnen, aber ich wusste, dass ich mein Leben ändern musste. Ich musste es irgendwie sensibilisieren, reicher gestalten.

Auch Tage und Wochen später war dieses Gefühl noch vorhanden. Nicht die normale Trauer, mit der jeder Mensch anders umgeht. Nein, dieses Gefühl war anders. Es war, als hätte sich im Moment, als mein Vater starb, eine Tür geöffnet, kurze Einblicke in eine andere Welt gegeben und sofort wieder verschlossen. Nur war dieser kurze Einblick von so viel Tiefe, Weite, Ruhe und vielleicht auch Frieden gekennzeichnet, dass ich dieses Gefühl nicht einfach vergessen wollte.

Was war da noch, außer das Leben, welches wir kennen?

Was war das für ein intensives Gefühl?

Aus diesen ganzen Gedanken und Erlebnissen heraus wuchs ein fester Wille, welcher mich nicht mehr losließ.
Ich wollte heraus aus meinem bisherigen Dasein, aber bis jetzt ohne wirkliche Ziele.
Geld verdienen, eine gute Ehe führen und einmal im Jahr eine Flugreise. Die einen wären glücklich, so ein Leben zu führen. Mir aber reichte das nicht mehr aus.

Die Suche nach meinem neuen „unbekannten Leben" begann.

Der erste Kontakt

Für einen guten Christen hatte ich mich bereits gehalten, obwohl ich bis auf die Weihnachtspredigt die Kirche gemieden hatte. Die zehn Gebote und ein friedvolles Leben im Rahmen christlicher Nächstenliebe gefielen mir zwar, aber ich war schon immer ein sehr kritischer Mensch, welchen es grundsätzlich zu überzeugen galt.

Zum jetzigen Zeitpunkt aber wurde ich allen Dingen gegenüber noch kritischer. Ich begann alles und jeden zu hinterfragen. Ich glaubte, nur so könne ich die Antworten erhalten auf all die offenen Fragen, welche ich aber noch nicht zu formulieren vermochte.

Auf einmal erschien mir auch die christliche Kirche von so vielen Gegensätzlichkeiten geprägt. Meiner damaligen Ansicht nach wurde Gott gerne hinzugezogen, wenn es keine andere logische Antwort gab. Es kam mir auf einmal so vor, als würde sich die Menschheit diesen Gott als Ersatz halten wollen, um für alle Ungereimtheiten des Lebens gewappnet zu sein.
Ihm können wir danken, ihm können wir die Schuld geben. Immer wird und wurde er in die Verantwortung genommen. Aber ich fragte mich immer wieder, was ist mit den Menschen an sich?

Ich begann mich für die Spiritualität zu interessieren. Aber wie bereits gesagt war ich ein sehr kritischer Mensch. Alles was nicht sofort logisch erklärbar oder beweisbar war, war mir schwer zu vermitteln. Also scheiterte dieser Versuch der Neufindung bereits nach Kurzem.

In den nächsten Wochen wurden Bücher über verschiedenste Themen der Glaubensrichtungen verschlungen. Aber anstatt mein Ziel zu erreichen, hatte ich mehr und mehr das Gefühl, wieder in die alten Rhythmen des Lebens zurückzufallen. An einem Mittwochnachmittag sah ich in der Kantine des Unternehmens, in welchem ich arbeitete, eine Werbebroschüre von einem buddhistischen Zentrum in der Nähe.

Ich erinnerte mich an ein Buch, welches ich zu damaliger Zeit bereits zum Buddhismus gelesen hatte. Ich empfand es als ziemlich abgehoben. Lamas, Buddhas, Höllenwesen und Wiedergeburt waren nicht gerade das, wonach ich bewusst gesucht hatte. Aber dennoch war dieses Buch anders als alles, was ich sonst bis dato gelesen hatte. Ich hatte nichts zu verlieren. Ich entschied mich, das buddhistische Zentrum aufzusuchen.

Jetzt also war es so weit. Drei Monate nach dem Tod meines Vaters betrat ich das erste Mal in meinem Leben ein buddhistisches Zentrum. Nicht ahnend, dass ich dabei den ersten Schritt in meine neue Zukunft gegangen war. Ich allerdings empfand das damals nicht so. Ich schob ein großes Holztor mit buntem Graffiti zur Seite und stand auf buddhistischem Terrain.

Es war abends, kurz nach 18.00 Uhr und bereits dunkel. Ich sah mich nach links und rechts um und bemerkte so, dass ein Holzzaun das Zentrum wie einen Schutzgürtel umzog. Geradeaus blickend sah ich große, helle, freundliche Fenster.

Freundliche Fenster?

Es war ein Gefühl von Ruhe und Besinnlichkeit, welches langsam, aber stetig in mir emporkroch. Die Menschen, welche ich hinter den Fenstern erblickte, tranken Tee und aßen Gebäck. Sie schienen sich angeregt zu unterhalten. Es wirkte alles so ruhig, gelassen und harmonisch. Ich blieb einen Moment stehen und sah ihnen zu. Ich versuchte, das angenehme Gefühl irgendwie einzufangen.

Ich fühlte mich sehr gut dabei. Nach kurzer Zeit schob sich das Holztor hinter mir erneut auf und weitere Personen betraten das Gelände und gingen an mir vorbei. Ich folgte der Gruppe ins Gebäudeinnere. Kaum im Inneren angekommen, begann sich mein kritischer Verstand wieder zu melden.
Ich schaute mich um und sah die vielen buddhistischen Statuen und Schreine, Regale an den Wänden mit Wasserschalen darauf und große Bilder mit scheinbar fliegenden Köpfen. „Oh mein Gott, hier kann ich doch nicht richtig sein! Wie

komme ich hier recht unauffällig wieder heraus", dachte ich nur.

Es liegt in der Natur der Dinge, dass das Fremde die Menschen erst einmal verunsichert.

Ich erinnerte mich an diesen Satz. Ich hatte ihn in einem der zahllosen Bücher gelesen und war so in der Lage, meine erste Skepsis erst einmal abzulegen, zumindest zum Teil. Ich sah mich weiter um und bemerkte aufgrund der erstaunten Gesichter und Blicke der anderen Besucher, dass auch sie heute wohl das erste Mal ein buddhistisches Zentrum von innen zu sehen bekamen. Innerlich war das gar nichts für mich, am liebsten wäre ich nach wie vor gleich wieder gegangen.

Aber ich wusste auch, dass eine Wende in meinem Leben nur mit einer Wende in meinem Denken verbunden sein konnte.

Wieder so ein schlauer Satz aus einem der gelesenen Bücher. Also versuchte ich weiter, meine ersten Gedanken und Gefühle zu ignorieren, und ließ mich auf das, was nun kam, vollends ein.

Ein leicht ergrauter Herr, ca. 50 Jahre alt, kam auf unsere Gruppe zu und begrüßte uns alle persönlich mit Handschlag. Anschließend bat er uns in einen hellen, recht großen Raum. Auf dem Boden lagen Kissen und Decken. An einer Raumwand standen Stühle, vorne stand ein kleines Podest.
Er zeigte auf die Kissen und Decken und bat alle, sich zu setzen. Personen mit körperlichen Einschränkungen konnten sich auch einen Stuhl nehmen. Aber alle nahmen in der Mitte des Raumes auf dem Boden Platz. Es wollte sich scheinbar niemand die Blöße geben, sich auf einen Stuhl zu setzen.

Der „Lehrer", oder wer auch immer er war, denn bis dato hatte er sich nicht weiter vorgestellt, setzte sich vorne aufs Podest.
Er sah ruhig und entspannt in die Runde und begrüßte alle nochmals und stellte sich nun selber vor.
Reinholt Franzen, Buddhist seit über 30 Jahren und Lehrer am Zentrum, sagte er kurz und schaute in die Runde.

„Aus welchem Grunde sind Sie hier?"

Peinliches Schweigen machte sich breit.

Circa 20 Personen fahren abends bei Dunkelheit quer durch eine Großstadt, ohne zu wissen, warum eigentlich?

Auch ich vermochte nicht sofort zu antworten, war aber dennoch der Erste, der eine Aussage traf. „Ich möchte mein Leben ändern", sagte ich zwar leise, aber es war ausreichend, denn alle schauten zu mir herüber. Herr Franzen lächelte wohlwollend.

Langsam begannen auch die anderen zu erzählen. Die meisten sagten aus, dass sie so vieles vom Buddhismus gehört hätten und nun gerne wissen würden, was genau das wäre. Aufgrund der Antworten konnte der Lehrer gut herausfiltern, wo er bei seinem Bericht „für Einsteiger" anfangen konnte. Erst lockerte er die Stimmung ein wenig auf und führte interessante Gespräche mit den Gruppenmitgliedern.

Dann aber wurde es ruhig und er begann von Buddha zu erzählen.

Kapitel 1
Grundlagen des Buddhismus

Wer war Buddha

Der Begriff „Buddha" ist nicht, wie einige glauben, der Geburtsname des Gründers des buddhistischen Glaubens.
Buddha ist eine Titulierung in ehrwürdiger Form von „der Erwachte" oder „der Erleuchtete." Mit bürgerlichem Namen „Siddhartha Gautama" wurde er vor ca. 2.500 Jahren in Kapilawatthu, im heutigen Nepal geboren.

Der Geburtsort Kapilawatthu geht aus den alten Schriften hervor. Die Wissenschaft geht allerdings vom Geburtsort Lumbini aus, welcher ebenfalls in Nepal liegt. Über das genaue Geburtsdatum kann nur spekuliert werden. Die Geburtsdaten werden mit 624 v. Chr. bis 563 v. Chr. angegeben.

Im Alter von ca. 16 Jahren wurde er mit seiner Cousine Jasodhara, einer Prinzessin, verheiratet. Sie stammte aus einer angesehenen Shakya-Familie. Es wird allerdings davon ausgegangen, dass es sich hierbei nicht um eine Liebeshochzeit handelte. Es wird behauptet, dass Siddhartha mit dieser Ehe daran gehindert werden sollte, den königlichen Hof zu verlassen. Aus der Ehe ging ein Sohn namens Rahula hervor.

Über das Sterbealter in Höhe von 80 Jahren ist man sich einig. Buddha verstarb in Kusinagara. Kusinagara liegt im heutigen indischen Bundesstaat Uttar Pradesh. Siddharta wuchs als

Sohn einer einflussreichen Herrscherfamilie auf und sollte auf Wunsch des Vaters den Thron in Erbfolge als neuer Herrscher übernehmen.

Das Leben des jungen Siddhartha war bis dahin von verschwenderischem Reichtum gekennzeichnet. Aber anders als vom Vater gewünscht, zog sich sein Sohn immer mehr zurück und begann, geschützt hinter den Mauern des Palastes, sich für das Leben außerhalb der Mauern zu interessieren. Es gelang ihm innerhalb kürzester Zeit, dreimal den Palast zu verlassen. Hierbei half ihm ein enger Vertrauter.

Beim ersten Ausflug sah er einen alten Mann. Beim zweiten Mal sah er einen kranken Mann. Beim dritten Mal sah er sich das erste Mal mit dem Tod eines Menschen konfrontiert. Diese Erlebnisse zeigten ihm auf, dass ihn auch sein bis dahin geführtes Leben nicht vor diesen Zuständen schützen konnte. Das konnte und wollte er so nicht akzeptieren.

Der Wunsch, ein Leben ohne Leid in einem glückvollen Zustand für sich und alle anderen Wesen zu erreichen, verfestigte sich und führte letztendlich dazu, dass sich Siddhartha im Alter von 29 Jahren vom höfischen Leben verabschiedete.

Er verließ seine Frau und seinen Sohn und erhoffte sich, auf seiner Suche einen Weg aus dem Leiden zu finden. Er nutzte verschiedene Mittel und Wege, in der Hoffnung, den richtigen

Weg irgendwann zu beschreiten. Bereits kurze Zeit später begann er ein Leben in Askese zu führen.

Bald aber war ihm bewusst geworden, dass der schwache Körper ihn auf seinem Weg nicht voranbringen würde. Dem Tod nahe entschloss er sich, von nun an wieder normal, aber sehr bewusst Nahrung und Wasser zu sich zu nehmen. Siddhartha kam zu Kräften und schloss sich als Schüler hintereinander verschiedenen Lehrmeistern an. Keiner dieser Lehrmeister aber konnte ihn zu seinem gewünschten Ziel führen.

So verließ er auch den letzten Lehrer. Er entschied sich, von nun an allein mit dem bisher angeeigneten Wissen durch die Vielzahl seiner Lehrer und deren Lehren auf die Suche zu gehen.

Auf dieser letzten Suche nach dem höchsten Gut der Erleuchtung, des allumfassenden Verstehens, gelang ihm im Alter von 35 Jahren meditierend unter einem Feigenbaum in Bodhgaya, dem ehemaligen Uruwela (Bundesstaat Biharin Indien), die lang ersehnte Erleuchtung. Während der Meditation offenbarten sich die „Vier edlen Wahrheiten" und die Wegbereitung in Form des „Achtfachen Pfades".

Es wird gesagt, dass der noch heute dort stehende Feigenbaum aus den Wurzeln des damaligen Baumes entstand.

Nach seiner Erleuchtung war sein erstes Ziel die Stadt Benares. Hier predigte er erstmals vor den fünf Asketen, welche er kurze Zeit nach seinem Auszug aus dem väterlichen Palast getroffen und sich ihnen angeschlossen hatte. Damals enttäuscht von Siddhartha, als er dem asketischen Leben den Rücken kehrte, wurden sie nun durch seine Predigt und Entschlossenheit überzeugt. Mit ihnen gründete er seinen ersten Mönchsorden (Sangha).

Die „Predigt von Benares" war der Beginn des Buddhismus.

Hier legte Buddha erstmals die Grundgedanken dieser allumfassenden Lehre dar.
Er durchzog von nun an Nordindien und verkündete überall seine Lehre. Seine Anhänger kamen aus allen Schichten. Sein Bekanntheitsgrad wuchs stetig. Buddha sprach vor Bauern, Königen, Heiligen, Ausgestoßenen, Kriminellen und Reichen. Seine Lehre war nicht auf einzelne Personengruppen beschränkt. Sie war für alle bestimmt.

Buddha selbst erklärte immer wieder, seiner Lehre nicht blind zu folgen. Er war immer bemüht, seinen Anhängern zu verdeutlichen, dass es eine Gottgläubigkeit oder andere Autoritäten innerhalb seiner Lehre nicht gab.

Auch er selbst sei kein Gott und möchte auch nicht als ein solcher betrachtet werden. Er betonte, dass jeder Mensch in der Lage sei, die Natur des Geistes und die Natur aller Dinge zu erkennen. Die Selbstverantwortung eines jeden Menschen hob er immer wieder hervor.

Im Alter von 80 Jahren verstarb Buddha in dem Bewusstsein, dass er all sein Wissen an seine Anhänger weitergegeben hatte.

Herr Franzen schaute in die Runde und beendete seinen Vortrag.
Der erste Unterricht dauerte ca. 60 Minuten.
Innerhalb des Vortrages wurde die eine oder andere Frage beantwortet. Ich fühlte mich wohl, ich wurde neugierig. Das hörte sich doch alles ganz gut an. Der erste Eindruck beim Betreten des Zentrums war wie verflogen.
Ich war interessiert. Als die Ersten aufstehen wollten, bat Reinholt Franzen noch einmal um Gehör. „Vieles von dem, was Sie hier hören, wird Ihnen erst einmal merkwürdig vorkommen, vieles wird Ihre Art zu leben und zu denken später auf den Kopf stellen. Wenn Sie aber wiederkommen, werde ich alle Ihre Fragen beantworten und Sie auf dem Weg begleiten."

Nun ja, bis hierher war alles nachvollziehbar. Es hörte sich wie eine interessante Geschichte an. Ruhig und gelassen fuhr ich nach Hause. Ich hatte

das Gefühl, dass das wirklich der Weg werden könnte, welchen ich gehen möchte.
Ich gewann wieder an Zuversicht. Der starke Wunsch, mein Leben zu verändern, könnte jetzt Wirklichkeit werden. Vielleicht hört hier und jetzt das Suchen endlich auf. Ich begann nun intensiver verschiedene buddhistische Bücher zu lesen, merkte aber bald, dass mir wichtige Grundlagen fehlten. Jeder Autor sieht den Buddhismus ein Stück weit anders, jeder interpretiert die einzelnen Themen unterschiedlich.

Viele Bücher setzen umfangreiches Wissen voraus und sind dadurch für Anfänger nicht zu empfehlen. Weiter gibt es verschiedene Schulrichtungen, Ansichten und Auslegungen. Alles für einen Anfänger eher abschreckend als anziehend. Also habe ich die Bücher wieder weggelegt und im Internet die nächsten Unterrichtsthemen vom Zentrum recherchiert.

Zwei Wochen bis zum Thema „Allgemeines über den Buddhismus". Eine gefühlte Ewigkeit. Der Drang, mehr zu lernen, war geweckt.

Die Tage wollten nicht vorübergehen, wie es eben so ist, wenn wir auf etwas warten. Aber nun war endlich auch dieser Mittwoch gekommen, heute Abend um 18.00 Uhr begann der nächste Unterricht. Vorfreude machte sich breit. Punkt 17.45 Uhr betrat ich das Zentrum, nachdem ich schon ca. 30 Minuten davor auf und ab gegangen war.

Mit einigen Gästen bin ich diesmal vor dem Zentrum ins Gespräch gekommen. Da war Jörg, 49 Jahre alt und einer von drei Gesellschaftern einer florierenden Werbeagentur für TV und Radio.

Weiter Ellen, 26 Jahre und Tänzerin in einem angesagten Musical, welches gerade in Bochum aufgeführt wurde. Ellen sah bezaubernd aus, lange rötliche Haare und eine Figur, welche allgemein als perfekt tituliert werden würde.
Ihr Charakter allerdings schien gewöhnungsbedürftig. Sie mochte kein Gejammer oder Genörgel hören. Wie schnell sagen wir heute Dinge wie: „Das Wetter könnte besser sein" oder: „Ich habe einen elend langen Weg hinter mir" und ...

Sie wurde nicht unhöflich oder abweisend, aber wir merkten alle schnell, dass sie damit nicht umgehen konnte. Sie war, bemerkte ich schnell, so ganz anders als die Menschen, mit denen ich bisher zu tun hatte. Erst Jahre später sollte ich erfahren, warum das so war. Als weitere Personen dazu kamen, begrüßten wir uns herzlich und unterhielten uns allesamt miteinander. Kurze Zeit später bat Reinholt Franzen uns alle in den Lehrraum, da er beginnen wollte.

Was ist Buddhismus?

Der Buddhismus ist eine Lebensphilosophie und „Religion".

Die Lehre

Die Lehre Buddhas beinhaltet keine Gottgläubigkeit oder auferlegte Dogmen. Aus diesem Grunde erhebt sie auch nicht den Anspruch auf die alleinige Wahrheit. Im Gegenteil, aufgrund der Offenheit und Gleichheit allen Menschen gegenüber stand dem Dialog auch mit anderen Glaubensrichtungen nichts im Wege.

Ziel der Lehre ist der Weg aus dem Leid zum vollkommenen Glück, zur Ausgeglichenheit und zum Zustand der vollendeten Harmonie. Der Weg zeichnet sich aus durch Meditation und ethisches Verhalten.

Mit weltweit etwa 400 bis 500 Millionen Buddhisten ist der Buddhismus die viertgrößte Religion der Erde. Ursprünglich in Südost- und Ostasien verbreitet, nahm die Ausbreitung in alle Richtungen stetig zu. Am weitesten verbreitet ist der Buddhismus heute in China, Bhutan, Japan, Kambodscha, Laos, der Mongolei, Myanmar, Sri Lanka, Südkorea, Taiwan, Thailand, Tibet und Vietnam. Im Gegensatz zu den asiatischen Ländern, in denen die verschiedenen

Schulrichtungen eher getrennt voneinander gesehen werden, erlangte der Buddhismus im Westen in seiner vollen Breite eine starke Akzeptanz.

Die Unterschiede der Richtungen sind zwar sichtbar, aber nicht von so hoher Wichtigkeit wie im asiatischen Bereich. Mittlerweile haben viele Länder Europas den Buddhismus als Religion anerkannt. Österreich startete 1983 als erstes Land in Europa mit der vollen staatlichen Anerkennung. In Deutschland ist der Buddhismus noch nicht anerkannt.

Verbreitung

Der Buddhismus verbreitete sich zunächst in Indien. Es folgten Sri Lanka und Zentralasien. Später folgte Ost- und Südostasien. Die unterschiedlichen Sichtweisen und Auslegungen wurden nun geprägt. Der nördliche Buddhismus (Mahayana) erreichte Zentral- und Ostasien, wo sich weitere Traditionen des Buddhismus entwickelten. In den Gebirgsregionen des Himalaya entstand der Vajrayana, auch Diamantweg genannt (Tibet, Bhutan, Nepal, Mongolei).

Aus dem Süden Indiens und Teilen Sri Lankas gelangte der nun entstehende südliche Buddhismus (Theravada) in die Länder

Südostasiens, wo er den vorher angekommenen Mahayana wieder verdrängte.
Die unterschiedlichen Formen des Buddhismus sind der Vermengung mit den ursprünglich vorherrschenden Religionen der jeweiligen Länder geschuldet.
Das hatte zur Folge, dass in einigen Bereichen vom ursprünglichen Buddhismus stark abgewichen wurde.

Schriften und Festlegungen des Buddhismus

Zum ersten Konzil kamen die Schüler Buddhas kurz nach seinem Tod zusammen. Hier wurden erstmals die Lehre (Dharma) Buddhas und die Mönchsregeln (Vinaya) festgehalten. Circa 100 Jahre später wurde das zweite Konzil einberufen. Hauptthema war die Diskussion der Mönchsregeln. Zu diesem Zeitpunkt gab es bereits eine Vielzahl von Gruppierungen und somit unterschiedlicher Auslegungen der ursprünglichen Lehre Buddhas.

Später folgten weitere Konzile, wobei aber nur diese ersten beiden von allen buddhistischen Richtungen anerkannt werden.
Unter der Schirmherrschaft des Königs Ashoka und dem Vorsitz des Mönchs Moggaliputta Tissa kam das 3. Konzil ca. 300 v. Chr. zusammen.

Ziel war es, sich wieder auf eine einheitliche, allgemein geltende buddhistische Lehre zu konzentrieren. Alle Gruppen und Personen, welche nachweislich die Lehre Buddhas falsch auslegten, sollten aus der Gemeinschaft ausgeschlossen werden. Im Verlauf des Konzils wurde zu diesem Zweck das Buch Kathavatthu verfasst.

Zusammen mit den niedergeschriebenen Lehrreden des Buddhas und der Sammlung der Ordensregeln bildet es die älteste Zusammenfassung buddhistischen Schriftgutes. Die Schriften im Buch Kathavatthu wurden als Grundlagen der buddhistischen Lehre festgelegt.
Hierbei ist zu beachten, dass die Schriften den Worten Buddhas nicht in allen Punkten gerecht werden.

Die Texte wurden damals von Männern verfasst, wobei einige von ihnen ihre eigenen Ansichten ebenfalls zum Ausdruck bringen wollten. In der damaligen Zeit war die Frau nicht gleichberechtigt im Sinne unserer Zeit. Auch diese Tatsache fand Eingang in die Schriften.

Die Frau wurde dem Mann gegenüber als schwach und nicht gleichwertig dargestellt. Buddha selbst machte keinen Unterschied zwischen Männern und Frauen, da es ihm um alle Existenzformen (Mensch – Tier - Pflanze usw.) ging. Diese Textpassagen wurden zwar aufgenommen, aber nicht weiter beachtet.

Buddha selbst hatte immer wieder aufgerufen, auch den eigenen Schriften nicht blind zu folgen.

Die buddhistischen Schriften sind sehr aktive und lebendige Schriften, da jedes Zeitalter sowie die unterschiedlichen Traditionen damals wie heute ihren Teil dazu beitragen bzw. beigetragen haben.

Die buddhistischen Schriften werden als Anleitung zur Vermeidung von Leid und als Wegweiser zum Glück gesehen.

Im Gegensatz zu den Glaubensreligionen werden die buddhistischen Schriften nicht als „Heilige Schrift" tituliert.

Die buddhistische Flagge

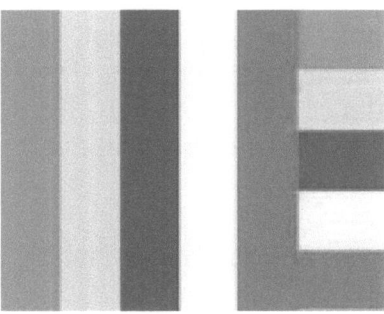

Die buddhistische Flagge ist am 28.04.1885 in Sri Lanka entstanden. Entworfen wurde die Flagge von buddhistischen Aktivisten des Colombo Committee. Die ursprüngliche Intention der Flagge war, die symbolische Einigung der verschiedenen buddhistischen Richtungen zu zeigen.
Weltweite Anerkennung erhielt sie 1952 anlässlich der World's Second Buddhists' Fellowship Conference in Japan. In Birma gibt es seit dem Sixth Buddhist Council in Yangon 1956 eine weitere, besondere Variante dieser Flagge, in der Orange gegen Rosa ausgetauscht wurde.
Heute wird die Flagge von allen Buddhisten gleichermaßen anerkannt und als Symbol der Einheit gewertet.

Dieser Unterricht dauerte fast zwei Stunden und ich war mir sicher. Hier war ich endlich angekommen. Dieses sollte mein Weg werden.

Auf der einen Seite glücklich, endlich gefunden zu haben, was so lange gesucht wurde, tat sich doch Leid auf der anderen Seite auf. Wenige Wochen später erkrankte Reinholt Franzen schwer und verstarb nach kurzer Zeit im Krankenhaus. Nach meinem Vater wieder ein Zeichen der Vergänglichkeit. Spielte jemand seine Macht aus?

War das Gott?
Wollte er damit zeigen, wer hier das Sagen hat?
Wollte er mich heimholen?
Nein, natürlich nicht!
Es war erstaunlich, welch abstruse Fantasien mir auf einmal durch den Kopf schossen. Mir war klar, dass mein Verstand mir hier einen Streich spielte, wie schon so oft vorher, seitdem ich mich mit dem Buddhismus beschäftigte.

Wir glauben immer frei entscheiden zu können und doch lassen wir unserem Verstand so viele Möglichkeiten, uns in unserem Leben einzuengen. Oft genug verleitet uns unser Verstand zu falschen Schlussfolgerungen.
Die dadurch entstandenen Ergebnisse sind somit nicht jene, welche wir zu erreichen versuchten. Wie oft zeichnet uns unser Verstand ein Bild von einer Situation, welches mit den tatsächlichen Gegebenheiten nichts zu tun hat. Dieses Bild entsteht durch die Pinsel unserer Vergangenheit. Durch anerzogene Reaktionen, Meinungen und angenommene Verhaltensmuster.

Die Kontrolle eben jenes Verstandes ist u. a. ein Ziel der buddhistischen Lehre. Die Achtsamkeitsübungen und die dadurch gewonnenen Sichtweisen sind wichtige Etappen im Leben eines jeden Buddhisten. Das hatte Reinholt Franzen immer wieder betont. Jetzt, wo Reinholt gestorben war, legte ich den Schwerpunkt meiner buddhistischen Ausbildung in erster Linie auf Vorträge in diversen Zentren über ganz Deutschland verteilt.
Offen gebliebene Fragen recherchierte ich in diversen Fachbüchern und dem Internet.

Buddhistische Fachbücher reihten sich mittlerweile in laufenden Metern aneinander. Nicht, dass ich alle durchgelesen hätte. Einige habe ich nach wenigen Seiten wieder beiseitegelegt. Andere Bücher wurden dafür bis zu fünfmal durchgearbeitet.
Reinholt sagte einmal, um die Lehre Buddhas zu verstehen, sollten wir uns die Lehre wie ein Puzzle vorstellen. Wir fangen am Anfang an und legen Puzzleteil an Puzzleteil.

Nur so kann die Lehre verstanden werden. Nehmen wir ein Teil, welches wir nirgends anlegen können, verstehen wir diesen Themenbereich noch nicht. Also legen wir dieses Puzzleteil erst einmal weg, bis es später an ein vorher gelegtes Puzzleteil passt. Also ein neues Thema, ein bis dato nicht Verstandenes erklärt.

Aber genau das war das Problem mit den Büchern. Sie bauten nicht aufeinander auf. Jeder Autor geht anders vor, vermittelt anders. Das ist für einen Buddhisten sicherlich kein Problem. Er kennt die Lehre Buddhas. Aber für Einsteiger ist die Puzzlesuche so mit sehr großen Mühen versehen.
Mein Ehrgeiz aber war geweckt. Ich las und las. Thema für Thema, machte mir Notizen und suchte einzelne Themenbereiche bei verschiedenen Autoren heraus und las so bis zu fünf Bücher über ein und das gleiche Thema parallel.

Aufgrund meiner mehrjährigen Reisen durch Deutschland und das europäische Ausland, geprägt von Besuchen in buddhistischen Zentren und Anlagen, lernte ich den Buddhismus auf eine unglaublich vielseitige Art und Weise kennen.

Die unterschiedlichen Auslegungen und die verschiedenen Arten der Vermittlung durch die Lehrer prägten in dieser Zeit mein buddhistisches Grundverständnis.
Die Vielfältigkeit, die Anpassungsfähigkeit an vorherrschende Meinungen, die unglaubliche Tiefe und das immer gleiche Ziel, „Glück zu erlangen", begeisterte mich immer wieder.

Trotz dieser Vielfalt gibt es Themen im Buddhismus, welche im Rahmen der unterschiedlichen Auslegungen und Ansichten dennoch von allen mir bekannten Lehrern sehr ähnlich erläutert werden.

Zu diesen Themen gehören u. a.

- der achtfache Pfad,
- die vier edlen Wahrheiten,
- das Karma.

Der Themenbereich des Karma war einer der Bereiche, mit welchem ich mich zuerst schwertat. Fast alles im Buddhismus ist nachvollziehbar, ja sogar beweisbar. Dieser Bereich aber zählte für mich nicht dazu. Dieses Thema war eines der Puzzleteile, welches ich nicht gleich anlegen konnte. Reinholt Franzen sagte mir einmal:

Wer behauptet, alles sofort zu verstehen, der hat auf dem Weg noch viel zu lernen.

Viele seiner damaligen Aussagen erhielten erst viel später den Wert, welcher ihnen schon immer gebührte.

Was ist Karma?

Jeder, der sich mit dem Buddhismus beschäftigt, wird dem buddhistischen Begriff „Karma" begegnen. Karma steht für die westlichen Begriffe „Handlung, Tat, Wirken" und steht im buddhistischen Sinne für das Gesetz von Ursache und Wirkung.

Als erste und einsteigende Erläuterung des Gesetzes von Ursache und Wirkung und um das Prinzip Karma zu verstehen, teile ich die Zeitschiene des Lebens in die drei Ebenen „Vergangenheit, Gegenwart und Zukunft".

Vergangenheit:
Die Handlungen (Taten) unserer Vergangenheit sind ausschlaggebend für unser heutiges Leben. Wäre das eine oder andere in der Vergangenheit nicht passiert, wäre unsere Gegenwart eine andere.

Gegenwart:
Die Handlungen (Taten) unserer Gegenwart sind ausschlaggebend für unser zukünftiges Leben. Die heutigen Entscheidungen sind der Wegbereiter unserer Zukunft und das Resultat unserer Vergangenheit.

Zukunft:
Die Zukunft ist die logische Folge aller Handlungen (Taten) aus der Vergangenheit und der Gegenwart.

Wir erkennen also, dass Karma allgegenwärtig ist.

Die Handlung eines jeden einzelnen Menschen definiert und bestimmt nicht nur das eigene Leben, sondern hat immer auch Auswirkungen auf das Leben anderer Menschen, Tiere, Pflanzen (Wesen) usw.

Wir können unser Karma wie ein großes Saatfeld betrachten. All unser Handeln, sei es körperlich oder geistig, streut Samenkörner auf unser Saatfeld. Jeder Samen wird zu gegebener Zeit heranreifen und als Karma aktiv. Es gibt Samen, welche sehr schnell heranreifen, und es gibt jene, welche erst in folgenden Leben heranreifen.
Fest steht aber, dass jeder Samen zu gegebener Zeit reift. Sollte ich im Rahmen körperlicher Handlungen jemanden bewusst verletzen, so setze ich einen negativen Samen in mein Saatfeld. Helfe ich stattdessen einem Wesen, so setze ich einen positiven Samen.

Positives Handeln führt zu positivem Karma.
Positives Karma führt zu einem positiven Leben.

Negatives Handeln führt zu negativem Karma.
Negatives Karma führt zu einem negativen Leben.

Es kann auch vorkommen, dass wir einem Wesen in unserem Umfeld unbewusst Schaden zugefügt haben.
In diesem Fall greift der buddhistische Begriff des „absichtslosen Handelns". Je weniger über eine Handlung nachgedacht wurde, desto weniger Karma entwickelt sich. Verletzen wir ein Wesen ohne Absicht, so hat es eine andere karmische Wirkung auf das Saatfeld als die geplante Schädigung eines Wesens.

Die große Chance für uns alle liegt also in der Erkenntnis der Möglichkeit, unsere Zukunft ein erhebliches Stück weit selbst zu bestimmen. Durch einen hohen Anteil an positivem Karma können wir ein glückliches und zufriedenes Leben führen. Dieses können wir sogar noch erhöhen, wenn wir versuchen, durch unser Zutun anderen dasselbe zu ermöglichen.

Die Wirkung von Karma verdeutlichen auch die nicht buddhistischen folgenden Redewendungen:

Wer anderen eine Grube gräbt, fällt selbst hinein.

Wer zuletzt lacht, lacht am besten.

Wie man in den Wald hereinruft, so hallt es heraus.

Wer nicht hören will, muss fühlen.

usw.

Die Wirkungsweise von Karma nimmt den Menschen in eine hohe Verantwortung. In eine Verantwortung nicht nur sich selbst, sondern auch allen anderen Wesen gegenüber.
Was machen wir aber, wenn wir keine Verantwortung übernehmen wollen?

Dann ist die logische Konsequenz die Argumentation mit der Wahrscheinlichkeit des Zufalls, des nicht Planbaren.

Aber dieses Argument können wir nicht mehr anführen. Die Erkenntnis über das Gesetz von Ursache und Wirkung lässt uns feststellen, dass es den „Zufall" nicht geben kann. Wie oft war doch der Zufall unser bestes Argument, auch um nicht selber in Verantwortung genommen zu werden.

Ein Notnagel? Ja!
Aber real? Nein!

Es gibt keine Zufälle.

Der Begriff „Zufall" wird gern gewählt bzw. zu Hilfe genommen, wenn sich ein bestimmter Vorgang nicht schnell und einfach erklären lässt oder wir uns selbst belasten müssten. Hier trifft auch die Aussage aus der Rubrik "Wer bin ich", Kapitel 2, zu. [Eine lange Überlegung oder Recherche ist uninteressant, eine schnelle Lösung muss her, auch wenn diese falsch ist.] [verkürzt wiedergegeben]

Warum aber steht es fest, dass es keine Zufälle gibt?

Zufälle wären Ereignisse ohne Ursache.

Es gibt kein Ereignis, welches nicht durch eine Ursache vorbereitet wurde. In den Fällen, in denen das Karma eines anderen Wesens unser Karma kreuzt und „scheinbar" ohne unser Einwirken beeinflusst, glauben wir an Zufälle, obwohl bei längerer Betrachtung auch dieser Vorfall aufgrund einer vorherigen Tat wissentlich oder unwissentlich vorbereitet wurde.

Folgende Beispiele verdeutlichen das Zusammenspiel von Ursache und Wirkung:

- Ein Reisbauer wird nicht auf Spargel warten
- Ein Labyrinth führt nie direkt zum Ziel

- Ein Landwirt, der seinem Rind kein zweites auf die Weide stellt, wird sich über den fehlenden Nachwuchs nicht wundern

Eine logische Abfolge von Vorbereitung (Ursache) und Ergebnis dessen (Wirkung), bestimmt durch ein einfaches Prinzip namens

- Karma -.

Diese Abfolge endet nicht mit dem Tod, sondern setzt sich fort. Im Rahmen der Wiedergeburten müssen wir, in jedem weiteren Leben, dem Karma der vorherigen Leben Verantwortung zollen. Das gilt für negatives sowie positives Karma.

Die drei Ebenen des Karma

Bevor wir Karma entwickeln, müssen die Voraussetzungen in uns und durch uns geschaffen werden. Diese Voraussetzungen sind in drei Ebenen unterteilt, welche die Grundlagen der Karma-Entwicklung darstellen. Hier reift das Karma und wird nach außen getragen.

Die geistige Ebene:
Die stärkste Ebene ist die der geistigen Handlung. Alle sprachlichen und körperlichen Handlungen sind von der geistigen Ebene eingeleitet worden. Die Absicht, welche bei der jeweiligen Handlung vorlag, entscheidet über das Karma. War die Absicht gut und hilfreich gemeint, entsteht positives Karma. War die Absicht negativ gemeint, entsteht negatives Karma.
Sonderfall: War die Absicht positiv, die Umsetzung aber weniger zielführend, so ist dennoch positives Karma entstanden.

Die Sprache:
Mit der Sprache haben wir die Möglichkeit, Menschen mit tröstenden Worten zur Seite zu stehen. Wir können Lob und Anerkennung aussprechen und somit Freude bereiten. Die Sprache kann Sicherheit, Geborgenheit und Wärme vermitteln. Die Macht der Sprache ist in

der Politik sowie auch in der Wirtschaft längst erkannt worden.
Die Sprache wird genutzt, um Kunden von den eigenen Produkten zu überzeugen und zum Kauf beziehungsweise der Akzeptanz zu verleiten. In der Politik werden Wähler durch die Sprache sehr gezielt beeinflusst, um diese für sich und die jeweilige Partei zu gewinnen. Worte können aber auch genutzt werden, um zu verletzen, Angst zu erzeugen, Aufruhr und Panik zu provozieren. Die Macht der Worte ist größer, als ihr im Allgemeinen zuerkannt wird.

Die körperliche Handlung:
Unser Körper ist in der Lage, mit anzupacken. Als Beispiel könnte ein Umzug von einer Wohnung in die andere dienen. Wenn viele Personen mithelfen, ist die Arbeit für den Einzelnen geringer. Unsere körperliche Handlung hilft somit anderen, ihre Ressourcen zu schonen und somit besser einzuteilen. Unsere Ressourcen dürfen wir darüber aber nicht vergessen. Ein gesundes Gleichgewicht muss grundsätzlich erhalten bleiben.
Sollten wir unsere Ressourcen gänzlich aufbrauchen, sind wir folglich nicht mehr in der Lage, uns hilfreich für andere Wesen einzusetzen.
Es geht aber auch einfacher.

Eine liebevolle Umarmung oder das freundliche Zulächeln können ein positives Gefühl von Sicherheit und Geborgenheit vermitteln.

Gehen Sie nicht davon aus, dass Ihre positiven Handlungen beim ersten Empfänger enden. Ihre positive Handlung wird vom Empfänger aufgenommen und an den nächsten Empfänger weitergegeben. Je nach Intensität und persönlicher Ausstrahlung kann ein einziges Lächeln somit auf viele Menschen positiv einwirken.

Wir erkennen also, dass Karma nichts Abstraktes ist. Bei genauerer Betrachtung erkennen wir, dass das Karma auch in unserem Leben bis dato oft zum Tragen kam. Grundsätzlich ist es egal, wie wir es nennen, Karma/Schicksal/Fügung usw.
Wichtig ist nur, dass wir es wahrnehmen, verstehen und vor allem, unsere Möglichkeiten darin erkennen. Denken Sie daran, es ist kein Zufall, was passiert, sondern durch die entsprechende Ursache als logische Konsequenz vorbereitet worden.

Neben den Seminaren, welche ich bei Reinholt Franzen offiziell besuchte, hatte ich die Möglichkeit, in sehr vielen Gesprächen mit ihm seine Sicht der Dinge zu hinterfragen und mir Themenbereiche erklären zu lassen, welche in meiner Ausbildung eigentlich erst sehr viel später folgen sollten.
Ich hatte den Drang, viel lernen zu müssen, in der Hoffnung, dadurch ein guter Buddhist zu werden. Immer wieder holte er mich sanft, aber bestimmt zurück.

Nicht die Menge an Wissen, sondern die richtige Umsetzung dessen, was wir wissen, ist entscheidend.

Er betonte immer wieder, dass es nicht wichtig wäre, zu wissen, wann Buddha geboren wurde. Dass es nicht wichtig wäre zu wissen, wie viele Schulrichtungen es gäbe. Dass es nicht wichtig wäre zu wissen, wann genau die Predigt von Benares stattfand.

Es ist für einen Großteil der Menschheit bezeichnend, wie mit den Möglichkeiten, unser Wissen zu steigern, umgegangen wird.
Und dann wofür?
Um leider doch wieder auf viele wichtige Entscheidungen im Leben nicht richtig vorbereitet zu sein? Oder besser noch, bewusst die falschen Entscheidungen zu treffen?

- Atom-Energie
- Ausrottung von Tierarten
- Rodung von Regenwäldern
- Ozon in Bezug auf CO_2-Ausstoß

Es ist wichtig, das erlernte Wissen zum Wohle aller Wesen einzusetzen. Es braucht kein Studium und keinen Doktortitel, um ein guter Mensch zu sein. Nehme andere Wesen in deinem Leben mit. Setze dich für sie ein und zeige ihnen, dass sie nicht allein sind.

Sinnvoller ist es, langsam und gezielt sein Wissen zu vertiefen. Nicht nur in die Tiefe gehend, sondern sogleich abwägend auch die Möglichkeiten in der Breite zu erkennen und entsprechend zu beachten.

Die vier edlen Wahrheiten

Ein ganz wichtiger Aspekt im Buddhismus sind die vier edlen Wahrheiten, in welchen Buddha den Kern des Leids erläutert sowie der buddhistischen Ansicht, damit umzugehen. Was aber ist Leid? Leid ist ein Wort, welches in unserer heutigen Zeit kaum noch begrifflich Anwendung findet.

Heute kennen wir Wörter wie Burnout, Trauer, Angst, Resignation, Stress, Ärger und Unzufriedenheit. Leid wohnt allem Vergänglichen inne.

- Dem Leben mit der Folge des Alterns und dem Tod
- Dem Materialistischen mit Fehlfunktionen und Defekten sowie dem Verfall

In den verschiedenen buddhistischen Schulen werden die „Vier Edlen Wahrheiten" leicht unterschiedlich dargestellt. Grundsätzlich können wir sie aber wie folgt bezeichnen:

- Leben ist Leiden
- Es gibt eine Ursache für dieses Leiden
- Es gibt ein Ende dieses Leidens
- Es gibt einen Weg, der zu diesem Ende führt

Wir gehen auf die Punkte im Einzelnen ein und erläutern diese wie folgt.

1) Das Leben ist Leiden

Das Leben unterliegt einem permanenten Wandel. Nichts bleibt auf Dauer so, wie es zurzeit erscheint. Der Fluss des Lebens fließt unaufhörlich und verändert stetig alles. Der Mensch hat aber die Angewohnheit, alles festhalten zu wollen. Die Anhaftung an gewisse Güter und die Angst, diese wieder zu verlieren, bestimmt in vielen Bereichen unser Leben.

Wir klammern uns an Menschen, die wir lieben, an Gewohnheiten, welche uns eine gewisse Befriedigung verschaffen. An Dinge, die uns wichtig erscheinen. Aber das Leben geht seinen eigenen Weg und sorgt für eine stetige Veränderung. Veränderungen, die wir nicht beeinflussen können.

Das Klammern an gewisse Dinge kann also auf Dauer nur dazu führen, dass uns das Leben irgendwann zeigt, was es mit uns vorhat.
Durch die Lehre Buddhas lernen wir den Fluss des Lebens zu erkennen und zu akzeptieren. Wenn dieser Vorgang tief verinnerlicht wurde, entfällt das Klammern/die Anhaftung. Wir erkennen, dass alles einem ständigen Wandel unterliegt.

Die christliche Kirche warf dem Buddhismus immer wieder Pessimismus vor. Das liegt in erster Linie daran, dass der christlichen Kirche das buddhistische Wissen um die Vergänglichkeit nicht vorliegt.

Auf den ersten Blick ist der christliche Vorwurf auch gar nicht so falsch. Sieht es doch von außen so aus, als würde sich der Buddhist über nichts freuen können. Aber das ist falsch. Ein Buddhist hat gelernt, das Leben im Fluss der stetigen Veränderungen zu akzeptieren.

Er klammert sich nicht verkrampft an die „schönen Dinge" des Lebens, sondern er erfreut sich daran, solange es eben möglich ist. Sollte sich der Lauf des Lebens einmal ändern, so ist er von den Folgen nicht so beeinflusst, da er nie den Anspruch der Ewigkeit (des Festhaltens) hatte.

Das Loslassen führt zu Leid, wenn wir etwas nicht hergeben wollen. Weiter meint Buddha mit der Aussage „das Leben ist Leiden" lediglich, dass jeder Mensch von Schmerzen und Unglück begleitet wird. Schmerzen, da wir körperlich sind, und Unglück, da die Möglichkeit besteht, dass wir unsere Mitmenschen durch Krankheit und Tod verlieren können.
Er bezieht diese Aussage auf unsere letztendliche Existenzform.

2) Es gibt eine Ursache für dieses Leid

Grundlegende Ursachen des Leidens bilden der Hass, die Gier und die Verblendung. Der Hass, welcher in uns aufsteigt, wenn wir befürchten, dass ein lebendiges oder auch lebloses Objekt unsere Pläne durchkreuzt oder anderweitig versucht uns zu schaden.

Die Gier nach Dingen, von welchen wir uns eine gewisse Befriedigung erhoffen. Auch dies kann lebendig (Mensch, Tier, Pflanze o. A.) oder leblos (Wunschartikel materiell) sein. Die Verblendung schließlich veranlasst uns zu glauben, dass unser menschlicher Organismus unser wahres Wesen sei (siehe Kapitel „Die Illusion vom Ich").
Das ist auch der Grund, warum viele Menschen im Westen ein Problem mit der Wiedergeburt haben. Sie verstehen sich in erster Linie als körperliches Wesen, welches grundsätzlich auch nicht falsch ist, da wir organisch sind.

Aber der geistige Aspekt (im Christentum würden wir Seele sagen) wird größtenteils außer Acht gelassen. Die Möglichkeit der Wiedergeburt wird im Westen als etwas Positives gesehen, wenn auch nicht überall geglaubt. Das liegt daran, dass es uns im Westen durchschnittlich gut bis sehr gut geht.

Warum also nicht noch mal ganz von vorne anfangen? Es wird bei dem Gedanken nur zu gerne übersehen, dass das karmische Gesetz uns nicht immer im Westen ein neues menschliches Leben schenkt. Es gibt viele Bereiche der Erde, an denen großes Leid wie Hungersnot und Krankheit herrscht.

Auch die Möglichkeit der Wiedergeburt als sehr kranker Mensch (körperlich oder geistig) oder als Tier darf nicht vergessen werden. Solange der Mensch es nicht schafft, diesen Kreislauf zu durchbrechen, um ins Nirwana einzugehen, beginnt mit jedem neuen Leben auch der Kreislauf des Leidens.

3) Es gibt ein Ende dieses Leids

Das Leiden endet, wenn die Ursache des Leidens beseitigt und die wahre Natur der Dinge erkannt wird. Hass, Gier und Verblendung werden nicht mehr als solche empfunden. Man erkennt die Substanzlosigkeit dieser Eigenschaften.

Wie aber erkennen wir diese Substanzlosigkeit? Wirkliche Freiheit erkennen wir nur durch das Loslassen vom Begehren.

Das bedeutet aber nicht, dass wir auf alle unsere Gefühle und Empfindungen verzichten müssen. Wir werden weiterhin Freude und Schmerz erfahren. Wir dürfen uns nur nicht weiterhin zum Sklaven dieser Gefühle machen.
Freude und auch Schmerz sind vergänglich, so wie alles andere im Lebensablauf. So ist auch ein vollständiges Ende des Leidens möglich.

Im ersten Augenblick hört sich das sehr negativ an. Wenn wir aber überlegen, dass wir die Freude in dem Moment, in welchem wir sie empfinden, vollends genießen können, ist das ein großes Geschenk. Was nützt es uns, wenn wir bereits während der freudvollen Erfahrung ständig daran denken müssen, wie lange diese wohl noch anhält und ob sie dann, wenn sie vorbei ist, jemals wiederkehrt.

Diese hinderlichen Gedanken reduzieren unsere freudvolle Zeit. Bei leidvollen Erfahrungen realisieren wir auch, dass dieses Leid nur zeitlich begrenzt ist. Wir akzeptieren den leidvollen Zustand, ohne ihm weitere Aufmerksamkeit zu schenken.
Wir überlegen weder, wie lange dieser leidvolle Zustand noch anhält, noch, warum er überhaupt auftrat, noch, ob er nochmals wiederkehrt.
Wenn wir dem Leid keinen Nährboden geben, werden wir feststellen, wie wenig leidvoll diese Zustände eigentlich sind.

Ein Großteil unseres Leid-Empfindens ist nicht der eigentliche leidvolle Zustand, sondern das, was wir gedanklich aus diesem leidvollen Zustand machen.

4) Es gibt einen Weg, der zu diesem Ende führt

Der Weg, der zum Ende des Leidens führt, ist der achtfache Pfad. Dieser muss begangen werden. Der achtfache Pfad enthält acht Ratschläge zum Erlernen des buddhistischen Verhaltens und wird auch das Rad des Dharma genannt. Die acht

Ratschläge sind in drei Kategorien unterteilt (siehe Tabelle):

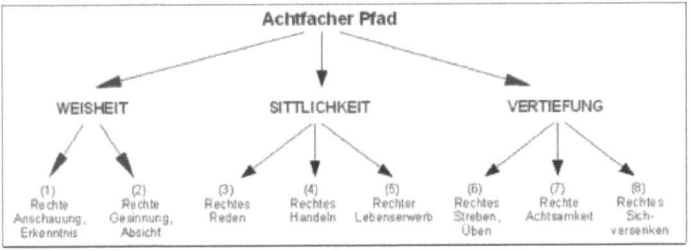

Der achtfache Pfad / Das Rad des Dharma

Die Lehre Buddhas wird auch „Das Rad des Dharma" genannt. Die Form eines Kreises macht das Rad zum Symbol für die Unendlichkeit. In der buddhistischen Lehre wird das Rad auch Dharmarad genannt. Das Rad hat acht Speichen, wobei sich jede Speiche auf einen Pfad des achtfachen Pfades bezieht.

Die Geschichte besagt, dass es früher Könige gab, welche die ganze Welt beherrschten. Neben ihren gewöhnlichen Reichtümern verfügten sie auch über ein sehr kostbares Rad. Mit diesem Rad konnten sie um die ganze Welt reisen. Wo auch immer ein König mit diesem Rad eintraf, beherrschte er kurze Zeit später das ganze Land.

Buddhas Lehre wird als eben dieses kostbare Rad bezeichnet, da überall, wo die Lehre Buddhas angehört wird, die Menschen die Möglichkeit haben, darüber nachzudenken und die Lehre in ihr Leben zu integrieren.
Die Probleme und Schwierigkeiten, in welche sich die Menschen immer wieder begeben, basieren letztendlich auf geistiger Unwissenheit.

Die Unterweisungen des Dharma helfen die tief verwurzelte Unwissenheit zu beseitigen. Diese Unwissenheit ist zu vergleichen mit einer Rinne, in welcher wir uns befinden. Wenn wir diese Rinne niemals verlassen, werden wir auch niemals die vielen anderen Rinnen direkt neben uns sehen können. Aber eben diese führen direkt in die freie und ungeprägte geistige Freiheit.

Wir sind tief geprägt durch unsere Erziehung und die jeweiligen landesüblichen Gewohnheiten. Nur das ist bis dato für uns das einzig Richtige. Denn nur das kennen wir seit unserer Geburt.

Wenn wir nie etwas anderes kennengelernt haben, ist es schwer, sich mit etwas Neuem zu arrangieren. Viel einfacher ist es natürlich, alles Fremde abzulehnen.

Wer aber den Mut hat, sich Neuem zu öffnen, muss dieses „Neue" nicht als alleingültig akzeptieren. Nein, er hat vielmehr die Möglichkeit, selbst zu vergleichen und, wenn gewollt, anschließend zu entscheiden. Wir können aber auch feststellen, dass eine Entscheidung für das eine oder andere gar nicht notwendig ist. Vielmehr sind wir jetzt in der Lage, altes und neues Wissen zu verknüpfen.
So beginnen wir auch andere Rinnen kennenzulernen.

Wenn wir eine andere Sichtweise anwenden, werden wir schnell feststellen, dass sich die Beurteilung eines Zustandes erheblich verändern kann.
Die äußeren Zustände haben sich nicht verändert. Wir nehmen diese Zustände jetzt nur aus der Sicht einer anderen Rinne (Denkrichtung) wahr. Hierbei

stellen wir fest, dass wir bisher einige Zustände nur aus der Unwissenheit heraus falsch beurteilt haben.

Die Speichen des Rades im Einzelnen

Bereich Weisheit

<u>Erste und zweite Speiche</u>
Die ersten zwei Punkte sind die der rechten Anschauung sowie die der rechten Gesinnung. Das möglichst richtige Beurteilen einer Situation ist manchmal schwerer als gedacht.

Buddha rief dazu auf, die wahre Sicht der Dinge zu erkennen.

Damit ist gemeint, Situationen von verschiedenen Perspektiven zu betrachten, um eine möglichst objektive Sicht auf die Dinge zu erhalten. Oft sehen wir die Dinge so, wie wir sie sehen möchten. Das ist aber nur selten der Zustand, wie sie wirklich sind.
Die junge Frau, welche im Schuhladen den viel zu teuren Schuh als „doch recht günstig" betrachtet, weil er einfach toll aussieht. Oder der junge Mann, welcher seiner Frau beim Autokauf klarzumachen versucht, dass alles unter 150 PS nun wirklich keinen Sinn macht, sind nur einige Beispiele.

Auch der Umgang mit anderen Menschen kann uns einiges abverlangen, wenn wir die Oberflächlichkeit verlassen wollen. Die einfache

Frage „Wie geht es dir?" hat jeder einem Mitmenschen schon einmal gestellt und oft genug haben wir die passende Antwort -„gut"- erhalten. Aber wie geht es den Menschen wirklich?

Wie oft haben wir die Frage selbst mit „gut" beantwortet, obwohl es in unserem Innersten ganz anders aussah. Wenn wir jemandem eine Frage stellen, sollte es unser Bestreben sein, die wirklich richtige Antwort zu erhalten. Das heißt, auch mal nachzufragen, wenn etwas unglaubwürdig erscheint.

Wenn wir unsere Gesprächspartner im Gespräch genau beobachten würden, würden uns flüchtige und falsche Antworten schnell auffallen. Aber selbst in der allgemeinen Gesprächsführung ist die Gewohnheitsenergie sehr stark.
Wir lassen uns in vielen Fällen von ihr tragen und sind dadurch wenig achtsam. Gerade in immer wiederkehrenden Gesprächssituationen sind wir dafür sehr anfällig. (Siehe auch Kapitel „Wir sollten zuhören")
Weiter ist die eigene Motivation, alle Dinge, die wir tun, permanent zu überprüfen. Warum handeln wir so und nicht anders? Warum sagen wir hier „Ja" und dort „Nein"?
Manchmal reagieren wir aus Eigennutz, ohne uns dessen bewusst zu sein! In Gesprächen ist darauf zu achten, dass das Gespräch von uns nicht dominiert wird. Wir dürfen dem Gegenüber niemals das Gefühl der Unterlegenheit oder der geringeren Wertschätzung entgegenbringen.

Sofern wir Ansätze davon erkennen, sollten wir uns darauf besinnen, das Gespräch in die richtige Richtung auf Augenhöhe zu lenken. Wenn wir unsere Motivation in den Gesprächen kontrollieren und uns unserer Absicht bewusst sind, haben wir die größten Chancen, zu einem guten einvernehmlichen Ergebnis zu kommen.
Ein weiterer Punkt ist das Handeln ohne Gegenleistung. Im Westen sind wir es vornehmlich gewohnt, eine Leistung zu erbringen, sofern wir eine Gegenleistung erhalten oder zumindest erwarten.

Bereits im Kleinkindalter haben wir das umschichtige Handeln gelernt.

Ich tue etwas für dich, du tust etwas für mich.

Wenn wir eine Gegenleistung erwarten, diese aber nicht erhalten, reagieren wir enttäuscht oder sogar wütend.
Diese Störgefühle dominieren uns nun, da wir fest mit einer Gegenleistung bzw. einer Belohnung gerechnet hatten. Die Schuld für diese Situation und unsere negativen Gefühle geben wir dem Empfänger unserer Leistung.
Aus buddhistischer Sicht ist das nicht richtig. Wie bereits im Kapitel "Was ist real" erwähnt, wird die Realität (Außenbereich) erst durch unser Bewusstsein real.

Das sagt nichts anderes aus, als dass wir in unserem Bewusstsein bereits vor der Leistungserbringung auf eine Belohnung fixiert waren. Hätten wir uns nicht im Vorwege auf eine Belohnung festgelegt, hätten wir jetzt kein Problem, unabhängig vom Verhalten des Leistungsempfängers.

Bereich Sittlichkeit

<u>Dritte bis fünfte Speiche</u>
Rechtes Reden bezieht sich auf den verbalen Umgang miteinander. Nicht schlecht über andere Menschen sprechen oder gar lästern. Sonstiges und sinnloses Geschwätz sollte vermieden werden. Das bedeutet rechtes Reden.

Unsere Rede sollte niemals schaden, Zwietracht säen oder anderweitig negative Folgen haben.

Das bedeutet den Verzicht auf Verleumdung sowie Teilnahme an Gesprächen, welche nur dem Zweck des eigenen Erhebens über andere dienen. Weiter ist das Nutzen von Vorteilen, um an eine gesellschaftliche Position zu gelangen, welche eigentlich einer anderen Person zugestanden hätte, zu vermeiden. Das in der heutigen Zeit bekannte Sägen am Stuhl des anderen sowie seinen eigenen Vorteil auf Kosten anderer durchzusetzen ist unrechtes Handeln.

Rechtes Handeln bedeutet, durch sein eigenes Tun und Handeln niemals einem anderen Wesen zu schaden. Dieser Punkt ist nur noch bedingt möglich.
Bereits mit dem Einatmen oder dem Trinken von Wasser töten wir unzählige Mikroorganismen. Mit dem Verzehr von Fleisch und diversen eiweißhaltigen Produkten fördern wir die Massentierhaltung und dementsprechend das Töten der Tiere.

In Bezug auf das rechte Handeln wird unterschieden zwischen dem selbstgefälligen Handeln, „ich töte meiner Selbst willen, ich will töten", und dem jeweils landesüblichen notwendigen Töten von Tieren, wenn es um den besagten Umgang mit Speisen und Lebensmitteln geht.

Hierbei ist festzustellen, dass ein Teil der Buddhisten in Mitteleuropa Vegetarier/Veganer sind. Eine Eigenschaft, die aus buddhistischer Sicht positiv zu bewerten ist, von Buddha selbst aber niemals gefordert wurde.
Er forderte lediglich eine gewisse Zurückhaltung beim Verzehr tierischer Lebensmittel. Das rechte Handeln soll aus freien Stücken und ohne Zwang erfolgen. Die Handlungen sollen aus dem Verstehen und der inneren Überzeugung heraus erfolgen.

Es ist immer darauf zu achten, dass die jeweilige Handlung der entsprechenden Situation gerecht wird, ohne den Gedanken daran, eine Regelung bis ins Kleinste befolgen zu müssen.

Es wird immer Situationen geben, welchen sich nicht im blinden Befolgen einer Regel begegnen lassen. Die Individualität des Geistes und das Wissen über die nicht festgeschriebenen, sondern empfohlenen Wege Buddhas lassen einen Menschen in vielen Situationen die richtigen Entscheidungen treffen.

Zu handeln, indem man einem aufoktroyierten Gehorsam folgt, ist nicht gewünscht, da es die Eigenverantwortung des Menschen einschränkt bzw. aufhebt.

Es geht nicht darum, das eine oder das andere zu tun, sondern im Sinne aller Wesen heilsame Taten zu vollbringen. Der Buddhist hat gelernt, sein Tun vor der Tat zu durchdenken und entsprechend heilsam im Anschluss durchzuführen.

Bereich Vertiefung

<u>Sechste bis achte Speiche</u>
Der Bereich Vertiefung ist der Bereich der geistigen Schulung. Hier sind Ratschläge enthalten, welche sich nicht auf den äußeren Bereich wie Sprache oder sichtbare Handlung beziehen, sondern der Entwicklung des Geistes dienen.
Wobei die ersten fünf Speichen des Dharmarades auch für Einsteiger und Laien geeignet sind, richten sich die Speichen sechs bis acht eher an die Erfahrenen und Fortgeschrittenen.

Im Westen haben wir gelernt, dem Materiellen mit großer Aufmerksamkeit und Achtung entgegenzutreten. Die Auto-Nationen werden hoch angesehen und die Länder mit den größten Gebäuden stehen für wirtschaftlichen Erfolg und Reichtum. Es wird peinlichst genau darauf geachtet, jeden materiellen Besitz zu pflegen und auf Dauer zu erhalten.

Was aber machen wir mit unseren geistigen Besitztümern?

- Erhalten wir sie?
- Reinigen wir sie?
- Achten wir überhaupt auf sie?

Wohl jedem Menschen ist bewusst, dass unser Wohlbefinden in erster Linie von unserer geistigen Haltung bestimmt wird. Unsere Emotionen und

Gefühle bestimmen tagein, tagaus unser Leben und dadurch auch unsere Außenwirkung. Der Wunsch, den Kopf klarzukriegen, die Gedanken zu sortieren, die schwirrenden Gedanken zu beruhigen, alle diese Umstände sind uns bekannt.

Aber wie wir positiven Einfluss auf unseren Geist nehmen können, haben wir nicht gelernt.
Auch das ist eine Ursache für Überforderung, Stressempfinden, körperliches Unwohlsein bis hin zu körperlichen Schmerzen.

Wenn die Inhalte der ersten Speichen des Dharmarades in unseren Köpfen Beachtung finden und wir nicht immer bei allem vom Negativen ausgehen, können wir bereits eine Menge Unruhe im Kopf vermeiden.

Das Erlernen von Wohlwollen, Mitgefühl, Mitfreude und Gleichmut sind zentrale Eigenschaften, welcher jeder Buddhist in sich vereinen sollte.

Es ist dabei für den Buddhisten von gleichem Wert, ob er diese Eigenschaften einem Menschen, einem Tier oder anderen Dingen zukommen lässt. Letztendlich übernimmt die Meditation die geistige Selbsterkenntnis und die Möglichkeit der geistigen Kontrolle mit der logischen Folge der Ausgeglichenheit. Das wiederum wirkt sich positiv

auf unseren gesamten Alltag, mit all seinen Höhen und Tiefen, aus.
Einige Meditationstechniken werden im Kapitel „Meditation" erläutert.

Ein weiterer sehr wichtiger Punkt ist die ständige Achtsamkeit bei allem, was wir tun. Sie erweitert unsere Wahrnehmung und ist ein sehr wichtiger Aspekt im Buddhismus. Allein über diesen Punkt gibt es unzählige Bücher im Handel.

Ich empfand dieses Thema beim ersten Kontakt als recht trocken. Viel Theorie und doch einiges auswendig zu lernen. Ich hatte es damals noch nicht vollumfassend verstanden! Aber diese Punkte sind die Grundlagen des Buddhismus. Sie lenken uns aus dem alten Denken heraus und zeigen uns einen neuen, so viel breiteren Weg auf. Diese Punkte sind es wert, mehrfach gelesen zu werden.

Wir säen unser neues Wissen an und wenn alles ineinander greift, werden wir ernten.

Aber alles braucht seine Zeit.

Zeit sollten wir uns auch für die Wahl der richtigen Schule nehmen.

Die Schulen

Als ich mich damals entschied, Buddhist zu werden, stellte sich folglich auch irgendwann die Frage, welcher Form des Buddhismus ich mich zugehörig fühle. Wie auch im Christentum gibt es auch hier unterschiedliche Schulrichtungen mit unterschiedlichen Ansprüchen. Die verschiedenen Richtungen bezüglich der Umsetzung der Lehre Buddhas sind aufgrund der unterschiedlichen Ansichten und Auslegungen des Buddhismus entstanden.

In diesem Kapitel beschäftigen wir uns mit den Richtungen des Theravada-, Mahayana-, Vajrayana-, Tibetischen und des Zen-Buddhismus.

Die Schule des Theravada

Theravada wird auch die Schule der Ältesten genannt. Es ist die älteste noch existierende Tradition des Buddhismus. Diese Richtung führt auf jene Mönchsgemeinde zurück, die zu den ersten Anhängern des Buddhas gehörte. Sie wird auch südlicher Buddhismus genannt, da sich diese Richtung in erster Linie im Süden Asiens verbreitete. Sie galt damals als elitär.

Der Theravada-Buddhismus bezieht sich auf den Pali-Kanon. Der Pali-Kanon ist die älteste Ansammlung von Schriften. Er setzt sich aus drei Teilen zusammen. Im ersten Teil sind die Lehrreden Buddhas, im zweiten Teil die Nonnen- und Mönchsregeln und im dritten Teil die philosophische Auslegung enthalten. Aufgrund der Unterteilung der Lehre wird der Pali-Kanon auch als Dreikorb bezeichnet.

Im Pali werden auch die Begrifflichkeiten anders bezeichnet. Anders als in der alt-indischen Sprache Sanskrit gibt es deutliche Unterschiede in der Schreibweise und der Lautform.

In Pali ist die Schreibweise für die Lehre Buddhas (Dharma), die logische Abfolge (Karma) und der Name Buddhas (Siddharta Gautama) anders. Sie werden wie folgt dargestellt:

- Dhamma
- Kamma
- Siddhatta Gotama

Zugang zur Theravada-Richtung durften nicht alle Menschen erhalten. Es war nur einem bestimmten Personenkreis vorbehalten, die Lehre im Theravada kennenzulernen. Die Schule des Theravada kennt fünf Sittlichkeitsregeln, an denen sich der Mensch orientieren sollte:

- nicht töten
- nicht verletzen (gilt für alle Lebewesen)
- nicht stehlen
- nicht sexuell verletzen
- nicht die Unwahrheit sagen

Während im Mahayana gilt, auch Frauen können die Erleuchtung erlangen, verneint das die Schule des Theravada. Hiernach muss eine Frau erst als Mann wiedergeboren werden und als Mönch leben, um die Erleuchtung zu erlangen.

Dieses steht stark im Gegensatz zu den Aussagen Buddhas, welcher solche Aussagen niemals getroffen haben soll. Auch müssen sich im Theravada die Nonnen mit bis zu 355 Regeln an deutlich mehr Regeln orientieren als ihre männlichen Kollegen mit ca. 220 Regeln. Einige Reformer wehren sich vermehrt gegen die oben geschriebenen Einschränkungen und Benachteiligungen der Frauen, welche es so im Mahayana nicht gibt.

Von den Anhängern des Mahayana wird diese Richtung geringschätzig Hinayana, also Kleines Fahrzeug, genannt. Diese Nennung wurde als diskriminierend eingestuft und wird daher kaum noch verwendet.

Die Schule des Mahayana

Im Mahayana, auch Großes Fahrzeug genannt, versucht der Übende nicht nur die Erlösung für sich, sondern für alle Wesen zu erlangen. Dafür übernimmt der Übende die alleinige Verantwortung.
Großes Fahrzeug versinnbildlicht die Möglichkeit, alle Menschen mitzunehmen auf der Fahrt zur Erleuchtung. Mahayana ist somit im Gegensatz zum Theravada allen Wesen gegenüber offen und nicht nur wenigen Einzelnen.

Dadurch ist es auch allen Menschen möglich, die Erlösung/Erleuchtung (das Nirwana) zu erreichen. Der Mahayana vertritt eine sehr liberale Ansicht der Lehre Buddhas und sorgt somit nach wie vor für eine freie Entfaltung der Lehre. Im Mittelpunkt des Mahayana stehen die Aspekte Weisheit und Mitgefühl. Weisheit ist die Erkenntnis der Leere und der fehlenden Eigennatur (Kapitel „Was ist real"). Mitgefühl stellt fest, dass es Leiden gibt.

Um dieses Leiden effektiv zu mindern, geht im Mahayana der Erleuchtete nicht ins Nirwana ein, sondern hilft anderen bei ihrem Weg zur Erleuchtung.
In der Form des Mahayana war es dem Buddhismus einfacher, in den verschiedensten Ländern auf die jeweils vorherrschenden Religionen einzugehen. Diese Schulrichtung entstand ca. 100 v. Chr.-150 n. Chr. Die Thesen

der Lehre wurden im Zeitraum zwischen 200-420 n. Chr. schriftlich fixiert. Seine Blütezeit erlebte der Mahayana-Buddhismus ca. 400-700 n. Chr.

Die Schule des tibetischen Buddhismus

Eine der bekanntesten Richtungen des Buddhismus mit seinem Vertreter S.H., dem Dalai Lama, ist der tibetische Buddhismus. Diese Richtung vertritt die wesentlichen Lehren aller buddhistischen Ansichten. Also auch die des Theravada und die des Mahayana. Der Buddhismus kam um 500-700 n. Chr. nach Tibet und wurde dort über viele Jahre verändert und der vorherrschenden Situation angepasst. Offizielle Staatsreligion in Tibet wurde diese Form des Buddhismus um 800 n. Chr., veranlasst durch König Trisong Detsen.

Es gelang ihnen, eine eigene Schrift für die Überlieferung des Dharma zu kreieren. Mit dieser schrieben sie die übersetzten Worte Buddhas und anderer indischer Meister nieder. Es gelang ihnen dadurch, den ursprünglichen Buddhismus fast vollständig in ihren Kulturkreis zu übernehmen. Die Meister des tibetischen Buddhismus sind der Meinung, dass nur mit der Integration der Übungen von Sutra und Tantra eine vollständige Erleuchtung möglich ist.

Im tibetischen Buddhismus liegt ein Schwerpunkt in dem Rezitieren von Mantras.
Mantras sind Gesänge in Form von Silbenkombinationen, welche den Geist beruhigen und in eine höhere Form der Konzentration führen.

Das bekannteste Mantra ist „Om Mani Peme Hung".

Keine Richtung ist von so vielen Gottheiten geprägt wie die des tibetischen Buddhismus. Nur sind diese Gottheiten in keinster Weise mit den Gottheiten der Glaubensreligionen vergleichbar. Diese Gottheiten spiegeln die buddhistischen Grundlagen wie z. B. Liebe, Weisheit, Erleuchtung usw. wider.

Sie sind weder Richter noch Angeklagter. Sie sind neutrale Helfer und dienen ausschließlich dem Wohlempfinden aller Wesen. Eine der bekanntesten Gottheiten ist die Meditationsgottheit Tara. Sie wird in verschiedenen Farben dargestellt. Die Farben geben unter anderem die Eigenschaften der jeweiligen Gottheit wieder.

- Die weiße Tara hilft bei Krankheiten
- Die grüne Tara hilft bei Gefahr
- Die rote Tara ruft man zu Hilfe, wenn wir Schaden erwarten

In Anlehnung an die Gottheit Tara gibt es ein weiteres bekanntes Meditationsmantra. Es lautet: „Om tare tuttare ture soha."

Die Schule des Vajrayana

Obwohl diese Schule auf den Ansichten des Mahayana aufbaut und dem Zweig des tibetischen Buddhismus angehört, möchte ich diese Richtung gesondert erwähnen. Der Vajrayana-Buddhismus wird als Diamantweg-Buddhismus bezeichnet und hat seine philosophischen Ansichten aus dem Mahayana-Buddhismus übernommen.

Der Weg des Vajrayana wird auch Pfad des Resultats genannt.
Diese Schule zeichnet sich durch umfangreiche Meditationen sowie das Rezitieren von Mantras aus. Für die Praktizierenden ist ein Hauptkern dieser Richtung die Erkenntnis der Leerheit aller Dinge, die Existenzlosigkeit eines jeden Einzelnen.
Weiter ist hier die Verbindung zwischen dem Schüler und dem Lehrer (Lama genannt) von besonders großer Bedeutung. Diese Verbindung führt gelegentlich auch zu der irrtümlichen Aussage, es würde sich hierbei um Lamaismus handeln. Die Entstehung des Vajrayana wird auf 400 n. Chr. datiert. Als Ursprung wird der indische Bereich angegeben.

Die Schule des Zen-Buddhismus

Der Zen-Buddhismus ist eine der zentralen buddhistischen Richtungen. 1200 n. Chr. gelangte er nach Japan, wo er seine bis heute gültige Prägung erhielt. Der Zen-Buddhismus entstand ursprünglich um 500 n. Chr. im chinesischen Großreich und wurde Chan-Buddhismus genannt. Damals enthielt er noch grundlegende Inhalte des Daoismus.

Der Zen-Buddhismus ist anders als die anderen Richtungen zu betrachten. Wo die anderen Richtungen einem Praktizierenden (Schüler) Wege und Mittel an die Hand geben, um auf dem Pfad der Erkenntnis voranzuschreiten, so gibt es im Zen nichts. Der Zen-Buddhismus lehrt, das Leben zu leben. Mehr nicht, und doch ist es alles.
Der Zen legt seinen Schwerpunkt auf die Erkenntnis, dass der Mensch sich durch seinen eigenen urteilenden Verstand immer wieder blockiert. Die starke Anhaftung an dem Gedanken des Dualismus, - ich bin ich und du bist du -, lässt den Menschen, ohne dass er es merkt, immer wieder leiden.

Der Zen vermittelt auf einfachste Art den richtigen Weg.
- Ich bin du und du bist ich -.
Zen ist u. a. bekannt durch die Tee-Zeremonie. Beim gemeinsamen Trinken von Tee, ohne Hektik und Unruhe, versunken in der eigenen Harmonie,

genießen wir die Stille und den jetzt vorhandenen Frieden. Die Unruhe unserer Gedanken und der Lärm der Welt bleiben draußen.
Die Konzentration liegt ausschließlich beim Trinken des Tees. Das bewusste Leben im Moment wird im Zen ganz deutlich. Auch das bekannte Blumenbinden verdeutlicht diese Lebensart. Die hohe Konzentration beim Blumenbinden lässt keine anderen Gedanken als das Blumenbinden zu.

Der Weg weg von den wirren Gedanken unseres ständig plappernden Verstandes und der dadurch immer wieder entstehenden Irrtümer unserer Weltanschauung, unseres Urteilsvermögens und des dadurch immer wieder neuen Entstehens von Leid ist Zen.

Um uns die vorhandenen paradoxen Gedanken zu nehmen, bedient sich der Zen in hohem Maße der Meditationen und der sogenannten Koans.
Koans sind Anekdoten, welche aufgrund ihrer Tiefgründigkeit von nur wenigen Personen verstanden, geschweige denn beantwortet werden können. Sie werden nicht durch schlüssige Entscheidungen des Verstandes beantwortet. Der Anspruch dieser Anekdoten liegt u. a. in der Erkenntnis der Leerheit aller Dinge (Kapitel „Die Illusion vom Ich" oder „So bin ich nun mal").

Zwei Schüler sitzen mit ihrem Meister im Kornfeld. Das Korn wippt im Wind hin und her. Der erste

Schüler sagt: „Das Korn bewegt sich!" Der zweite Schüler sagt: „Der Wind bewegt sich!"

Der Meister sagt:
Weder das Korn noch der Wind bewegt sich, euer Geist bewegt sich.

Hier hilft kein Schulwissen, sondern die tiefe Erkenntnis für die Illusion der Dualität.

Keine andere Form des Buddhismus hat die Meditationstechniken so in den Alltag einfließen lassen wie der Zen-Buddhismus. Es ist zu jeder Zeit und in jeder Situation möglich, seinen Geist zu sammeln und in der Form der Meditation auf die jeweilige Handlung auszurichten.

Wenn ich gehe, gehe ich in Meditation. Ich gehe bewusst, achte sorgsam auf meine Schrittfolge, spüre den Boden unter meinen Füßen, spüre die Anspannung meiner Muskulatur und die darauf folgende Lösung dieser und bin mit meinen Gedanken nur beim Gehen. Das ist Gehmeditation (ähnlich Blumenbinden usw.). Im Zen gibt es eine Vielzahl von Meditationen, welche sich so in den Alltag einbinden lassen.

Die Kontrolle des Geistes in allen Handlungen erfordert ein hohes Maß an Übung. Aber eben diese Kontrolle lässt uns bewusster, freudvoller und vor allem achtsamer im Umgang mit allen Wesen durchs Leben gehen.

Jeder Mensch, welcher sich entscheidet, Buddhist zu werden, wird den Buddhismus in seinem weiteren Leben sehr individuell praktizieren. Das ist zum ersten den fehlenden Regeln geschuldet, zum zweiten, dass jeder Mensch sein Glück anders definiert.
Die Wege zum Glück mögen individuell sein, die grundsätzliche Richtung allerdings sollte eng an der Lehre Buddhas ausgerichtet werden.

Es empfiehlt sich, sich zu gegebener Zeit für eine Schulrichtung zu entscheiden. Dadurch laufen wir nicht Gefahr, uns in den doch sehr unterschiedlichen Ansichten der verschiedenen Schulen zu verirren. Im vorderen Bereich dieses Buches habe ich beschrieben, dass die Buchautoren buddhistischer Fachbücher die Lehre selbst sehr unterschiedlich definieren.

Wenn wir als Einsteiger uns dieser Bücher bedienen, werden wir eine große Anzahl sehr unterschiedlicher Auslegungen, selbst innerhalb einer Richtung, kennenlernen. Stellen Sie sich vor, Sie würden nun noch richtungsübergreifend lesen. Die Menge der unterschiedlichen Informationen könnte letztendlich dazu führen, dass Sie die Bücher beiseitelegen und auch zu einem späteren Zeitpunkt nicht mehr zur Hand nehmen.

Sofern Sie sich mit der Lehre Buddhas nur vertraut machen, ist es nicht nötig, sich mit den Schulen im weiteren Sinne zu beschäftigen. Sollten Sie dabei aber feststellen, dass Sie sich intensiver mit dem Buddhismus auseinandersetzen wollen, so ist die Entscheidung für die eine oder andere Richtung sinnvoll.

Wenn es für Sie an die Wahl der richtigen Schulrichtung geht, empfehle ich Ihnen in erster Linie, Gespräche mit den Lehrern in den verschiedenen Zentren zu führen. Hier können Sie gezielt Ihre Fragen stellen und sicher sein, die korrekten Antworten darauf zu erhalten.
Eine weitere Recherche ist ansonsten auch im Internet sowie im guten Buchhandel möglich.

Im Zug mit dem kleinen Hasen

Ein leises Quietschen, welches entsteht, wenn die Abteiltür eines ICE beim Öffnen zur Seite gezogen wird, weckte mich aus meinem Schlaf. „Oh, entschuldigen Sie bitte, wir wollten Sie nicht stören", vernahm ich eine freundliche Frauenstimme. Eine junge Frau tritt in das Abteil und stellt sich und ihren 5-jährigen Jungen vor. „Mein Name ist Schlender, Doris Schlender, und das ist mein Sohn Jonas."

In den ersten Sekunden leicht überrumpelt rutschte ich in eine aufrechtere Position, erhob mich und gab beiden die Hand. „Mein Name ist Andreas Meyer, bitte nehmen Sie doch Platz", sagte ich noch kurz, bevor ich mich wieder meinem Vortrag widmete.
Es ist nunmehr viele Jahre her, dass ich meinen Vater verloren hatte. In diesen Jahren ist einiges passiert.

Mein buddhistischer Weg hat sich gefestigt. Ich bin ausgeglichener und ruhiger geworden. Ich habe das Zentrum, in welchem Reinholt Franzen unterrichtete, noch viele Male besucht und mir eine Menge Wissen aneignen dürfen.

An diesem Tag war ich auf dem Weg nach Kiel. Ich fuhr zu einem meiner Vorträge, welche ich vor Interessierten mit viel Engagement und einer gewissen Leichtigkeit darbot. Viele Vortragende habe ich bei meinen Seminaren analysiert und fand, dass eine gewisse Leichtigkeit immer fehlte. Der Buddhismus ist kein Thema, mit welchem wir leichtfertig umgehen sollten. Aber die Thematik erfordert ein hohes Maß an eigener Neuausrichtung. Diese Neuausrichtung ist nicht leicht und muss immer wieder beobachtet und kontrolliert werden.

Da aber keinerlei Zwänge hinter der Lehre Buddhas stehen, sollte die Neuausrichtung neben dem Verständnis des rechten Handelns auch mit einer gewissen Leichtigkeit einhergehen.
Auch bei meinen eigenen Kindern bemerkte ich schnell, dass der Spaßfaktor von großer Hilfe war, wenn es darum ging, Kindern die ersten Sichtweisen aus der Lehre Buddhas zu erläutern. Nur mit Spaß und Freude an der Sache sind Kinder auch bereit, sich mit „trockeneren" Themen auseinanderzusetzen.

Als ich die letzten Änderungen an meinem Vortrag noch einmal gedanklich durchging, vernahm ich plötzlich ein lautes Geschrei.

Der kleine Junge, welcher mit seiner Mutter ins Abteil eingestiegen war, schimpfte auf seine Mutter ein, weil sie ihm den Keks verwehrte. Es schien mittlerweile auch der zehnte oder zwanzigste Keks gewesen zu sein. Ich konnte die Menge nur erahnen, da ich das Ess-Geräusch des Jungen, seitdem er eingestiegen war, unaufhörlich vernehmen konnte.

Ich schaute hoch zur Mutter und lächelte. Das ging so in die Richtung, ist nicht schlimm, stört mich gar nicht, ist halt ein Kind. Der jungen Mutter war es dennoch unangenehm und sie rutschte vor und sagte leise, dass es ihrem Sohn leider an Respekt fehlen würde. Manchmal wisse sie nicht mehr, was sie noch tun solle.
Ich sprach daraufhin den Jungen direkt an. „Jonas, so eine Zugfahrt ist schon langweilig, oder? Was würdest du davon halten, wenn ich dir eine Geschichte erzählen würde?

Eine wirklich tolle Geschichte!"

Große Augen sahen mich an und ich ahnte, dass ich die Neugierde des Jungen geweckt hatte. „Ich kann die Geschichte aber nur erzählen, wenn du leise zuhörst und dabei keine Kekse knabberst." Ohne seine Mutter direkt anzusehen, hielt Jonas den letzten Keks schnell in ihre Richtung. Sie nahm ihn entgegen und Jonas rutschte auf die Bankseite zu mir herüber und sah mich erwartungsvoll an.

„Dann höre mal gut zu, kleiner Mann." Ich lächelte den Jungen an und begann zu erzählen:

<u>Die Geschichte von König Hase</u>
„Junior, Juuunior", ruft es durch den Wald der tausend Bäume. Junior heißt eigentlich Rolly und ist der Kleinste in der Familie Hase. Rolly mag es gar nicht, wenn sein Vater ihn Junior nennt. Da

weiß doch jeder sofort, dass Junior noch ganz klein ist.

Für die meisten Tiere im Wald ist es egal, ob sie groß, klein, dick oder dünn sind. Nur für Junior ist es ganz wichtig, dass jeder denkt, er wäre schon groß.

Junior möchte nämlich bald der König der Hasen werden. Dafür ist es natürlich wichtig, schon etwas älter zu sein.

Sein Vater rief erneut: „Junior, wenn du nicht bald nach Hause kommst, müssen wir ohne dich anfangen zu essen!" Junior spielte gerade hinter einem dicken Baum mit einem alten Vogelnest, welches beim letzten Sturm aus der Baumkrone gefallen war. Es war zum Glück schon leer.

Beim Gedanken an ein leckeres Mittagessen fing Juniors Magen an zu knurren. Schließlich war er seit dem Frühstück heute Morgen nicht mehr zu Hause gewesen.

Er hatte sich mit diesem Nest irgendwie verspielt und die Zeit völlig vergessen.

Junior rief seinem Vater zu: „Ich komme schon, sag Mama bitte, dass ich Hunger habe wie ein König!"

Am Mittagstisch nahm sich Junior als Erster eine große Portion auf seinen Teller. „Junior, warte bitte, bis ich dir auffülle", sagte die Mama. Am Abend saßen die Eltern von Junior noch lange zusammen. Sie fingen an, sich Sorgen um Junior zu machen. Immer wollte er alles nur für sich haben.

Er mochte nichts teilen und auch Freunde schien er nicht zu haben. Der Vater beschloss, am nächsten Morgen mit seinem Jüngsten zu sprechen.
Er erzählte ihm von dem Gespräch mit der Mutter und welche Sorgen sie sich langsam um ihn machen würden. Ganz anders als der Vater es erwartet hatte, sprang Junior hoch und sagte: „Bald bin ich der König der Hasen, da brauche ich keine Freunde und zu essen nehme ich mir immer dann, wenn ich Hunger habe. Ich werde alles selbst bestimmen können!"

Junior drehte sich um und lief wieder zu dem dicken Baum, um mit seinem Vogelnest zu spielen.
In der Aufregung aber hatte er den Baum nicht mehr finden können. Und so kam es, dass sich Klein-Junior im Wald der tausend Bäume verlief. Stundenlang rannte er kreuz und quer durch den Wald. Mittlerweile fand er nicht einmal mehr den Weg nach Hause. Langsam wurde er müde und aufgrund der zunehmenden Dämmerung auch ein wenig ängstlich. Aber dann sagte er sich immer wieder:

„Ich werde König und Könige haben keine Angst!"

Doch es wurde dunkler und dunkler und Junior wurde immer ängstlicher. Als er sich an einen Baum setzte, um sich auszuruhen, hörte er plötzlich von oben eine Stimme. „Hey Kleiner, was

machst du denn so spät noch da unten?" Junior schaute nach oben und sah aus einer Höhle einen Uhu und ein Eichhörnchen herausschauen.
„Möchtest du heraufkommen und die Nacht bei uns in der warmen Höhle verbringen?" „Wir haben auch noch etwas zu essen für dich!"
Junior war auf der einen Seite hungrig und ängstlich.
Aber auf der anderen Seite wollte er doch König werden.

Er dachte sich: „Ein König hat keine Angst und verhungern werde ich auch nicht." Er rief hoch in den Baum: „Ein König steigt nicht in eine Baumhöhle!" Müde und erschöpft fiel Junior in einen tiefen Schlaf.
Er begann zu träumen. Von anderen Hasen wurde er über eine große Wiese getragen. Sie riefen immer: „Hoch lebe der König, hoch lebe der König." Die Sonne war an diesem Tag sehr heiß und Junior fing an fürchterlich zu schwitzen.

Er befahl einem der Träger, ihm Wasser zu reichen. Der Träger hatte aber keines dabei. „Warum hast du kein Wasser dabei?" „Weil Ihr es nicht befohlen habt, mein König." Junior war entrüstet und schrie den Träger an: „Das weiß doch jedes Kind, dass man bei solch einer Hitze Wasser mitnehmen muss!" „Ihr habt es aber nicht befohlen, mein König!"
„Meine Mutter hätte mich nie ohne Wasser so lange in der Hitze gelassen!"

Junior wurde schon ganz schwindelig vor Hitze und bat nun um sein Mittagessen. „Welches Mittagessen, mein König? Ihr habt nicht befohlen, welches mitzunehmen." Wieder schrie Junior den Träger an: „Mein Vater ruft mich immer, wenn das Essen fertig ist!"
Nachdem Junior nun König war, merkte er, dass er das Königsein eigentlich nicht so toll findet, wie er sich das immer vorgestellt hatte. Aber nun konnte er daran auch nichts mehr ändern.

Er war nun zwar König, hatte aber dennoch fürchterlichen Hunger und auch Durst. Er dachte sich: „Irgendwo werden sich auf dieser Wiese doch alte Freunde von mir finden lassen, welche mir helfen können." In der Ferne sah er dann tatsächlich zwei Bekannte. Ein altes Eichhörnchen und ein alter Uhu gingen zusammen auf einen großen Baum zu. Junior schaute in die Baumkrone und sah die Höhle der beiden.

Er erinnerte sich schwach an die Worte. „Hey Kleiner, was machst du denn so spät noch da unten? Möchtest du heraufkommen und die Nacht bei uns in der warmen Höhle verbringen? Wir haben auch noch etwas zu essen für dich!"

Er rief ihnen zu: „Hallo, ihr beiden, kennt ihr mich noch, kann ich zu euch kommen?" Die Antwort der beiden war nicht so erfreulich, wie der König sich das gedacht hatte. „Wir denken, ein König steigt nicht in eine Baumhöhle?" Sie drehten sich um, gingen weiter und stiegen zur Höhle herauf.

Junior wurde sehr ruhig und merkte auf einmal sehr deutlich, dass sich zwar sein großer Traum erfüllt hatte, König zu werden, aber er auf dem Weg dorthin offensichtlich sehr viele Fehler gemacht hatte.
Leise fing er an zu weinen.
Im Hintergrund hörte er ganz weit in der Ferne langsam immer lauter werdend: „Hey Kleiner, du kannst doch nicht die ganze Nacht da sitzen, es wird zu kalt. Komm doch jetzt hoch zu uns!" Junior machte langsam die Augen auf und bemerkte nun, dass er nur eingeschlafen war. Und ein König war er auch noch nicht.

Er war immer noch der kleine Hase Junior. Und auch der Uhu und das Eichhörnchen waren noch ganz jung und nicht wie in seinem Traum ganz alt. Junior sprang auf, tanzte und jubelte vor Freude.
Der Uhu wunderte sich und sagte zum Eichhörnchen: „Erst war er so grimmig und nun so ausgelassen, seltsamer kleiner Hase!" Junior rief nun hoch: „Ich komme gerne und wenn ihr noch zu essen habt, würde ich mich sehr freuen." Langsam stieg er den Baum hoch und lernte so seine beiden ersten richtigen Freunde kennen. Sie hießen Jockel und Lomi.

Die drei hatten an diesem Abend noch viel Spaß.
Doch ganz früh am Morgen bat er Jockel und Lomi, ihm den Weg nach Hause zu zeigen.

Er wollte so schnell wie möglich wieder bei seiner Mutter und seinem Vater sein.

Er hatte ihnen einiges zu erklären. Seit dieser Zeit wusste Junior ganz genau, dass es doch das Schönste ist, wenn man eine Mutter und einen Vater hat, die sich um einen kümmern.

Jonas wurde merklich nachdenklich. Er stand auf und setzte sich wieder zu seiner Mutter. Jonas hatte nun die Möglichkeit, über sein Verhalten nachzudenken. Auch wenn es bei seinem Alter nicht lange anhält. Entscheidend ist, dass Jonas die Möglichkeit zum Nachdenken und zum Unterbrechen der Gewohnheitsenergie bekommen hat.

Die, wenn möglich, wiederholten Unterbrechungen veranlassen die Kinder bereits früh, sich mit ihrem eigenen Verhalten auseinanderzusetzen. Hierbei geht es nicht um das Erlernen bestimmter Dinge, sondern nur um das eigene Hinterfragen.

In Kiel angekommen nahm ich meine Tasche und zwängte mich mit einigen anderen Fahrgästen durch den schmalen Ausgang des Bahnhofs zum Vorplatz. Ähnlich wie am Flughafen Hamburg drängeln sich hier die Fahrgäste um die Taxen. Ich beschloss, erst einmal ein paar Schritte zu Fuß zu gehen. Nach 30 Minuten begann es zu regnen.

Als ich mich nun nach einem Taxi umsah, war keines zu sehen. Immer wieder kam mir erneut unterschwellig der Gedanke an Gott. Sind das kleine Zeichen, doch zu ihm zurückzukehren? Wie lange würde ich diese Gedanken noch mit mir herumschleppen müssen? Ich begann in diesen Momenten, solche Gedanken als Prüfung anzusehen.

In schwierigen und problematischen Zeiten können wir uns am effektivsten entwickeln.

Meine Familie war in den ersten Jahren mit meiner Neuausrichtung überfordert. Ich las und las, ein Buch nach dem anderen. Die unendliche Reichweite und immens breite Auslegung des Buddhismus zeigte mir immer wieder, dass ich noch so viel zu lernen hatte.
Und ich entwickelte mich weiter, nicht nur im Wissen um die Lehre, sondern auch im täglichen Leben.
Die Veränderungen im Geiste und im äußeren Verhalten, herbeigeführt durch das tiefe

Verständnis im Rahmen der Meditationen, schritt unaufhaltsam voran. Mein Umfeld nahm die Veränderung meines Wesens deutlich wahr. Ich war ruhiger und nachdenklicher geworden. Meine Achtsamkeit allem Äußeren gegenüber steigerte sich deutlich, zumal diese Achtsamkeit vorher so gut wie überhaupt nicht vorhanden war.

Diese Aspekte der äußeren Veränderungen waren grundsätzlich positiv, aber für das Umfeld und die Familie nicht unproblematisch. Ansichten gingen weit auseinander und gut gemeinte Erläuterungen wurden, im Hinblick auf *„mein Hobby"*, schnell abgetan.

Diese Zeit war schwierig und ich wurde gefühlt häufig auf die Probe gestellt. Aber mit viel Ruhe und Verständnis für die Situation konnten die Probleme von beiden Seiten aus über die Jahre abgebaut werden.

Um auch in solch oder ähnlich schwierigen Zeiten gewappnet zu sein, ist das Wissen um die Grundsätzlichkeiten im Buddhismus unabdingbar. Als Einsteiger in die Materie ist es nicht notwendig, lexikaartige Bücher durchzuarbeiten. Diese Bücher enthalten zum Teil Informationen, welche Einsteiger, wie bereits beschrieben, in erster Linie abschrecken, anstatt ihn neugierig zu machen.
Der Buddhismus ist voll mit spirituellen Dingen und Ansichten, welche eine gewisse Basis einfach voraussetzen. Ist diese Basis nicht vorhanden,

schaden wir der Person und dem Buddhismus gleichermaßen.
Spätestens bei spirituellen Themen wie Wiedergeburt als Höllenwesen o. Ä. legt der Erstleser das Buch sofort wieder beiseite. Wichtig ist, dass das Voranschreiten im Buddhismus fachkundig begleitet wird.

Nur so ist gewährleistet, dass die fremden Themen strukturiert und aufeinander aufbauend erläutert werden. Das Lesen über den Buddhismus im eigenen Hause, wie ich es später auch tat, ist natürlich möglich, aber nur mit enormem Aufwand durchzuführen. Hier sollte zwingend darauf geachtet werden, welche Bücher man liest.
Erst später, mit dem richtigen Grundwissen, sollten die Folgethemen wie Spiritualität und Wiedergeburt o. Ä. angepackt werden. Erst dann ist das Verständnis so weit gereift, offen für diese Themen zu sein und diese vor allem auch zu verstehen.

Wiedergeburt

Einen leichten Einstieg in das Thema Wiedergeburt möchte ich Ihnen dennoch geben, da es ein immer wieder viel diskutiertes Thema ist. Gibt es sie nun oder gibt es sie nicht? Diese Frage erhitzt in Talkshows und in der öffentlichen Diskussion immer wieder die Gemüter.
Nach medizinisch-wissenschaftlichen Erkenntnissen wird die Möglichkeit der Wiedergeburt klar verneint. Hierzu gäbe es keine Beweise, ist die einhellige, ungewöhnlich klare Aussage. Obwohl angesehene Forscher und Wissenschafter mittlerweile mehrere Tausend Fälle an „möglichen" Wiedergeburten dokumentiert haben, scheint die Medizin hier nicht einmal die Möglichkeit in Betracht zu ziehen.

Dieser fehlende medizinisch-wissenschaftliche Beweis bildet die Grundlage für viele Menschen, die Möglichkeit einer Wiedergeburt ebenfalls zu verneinen, leider allzu häufig, ohne sich selbst ein Bild dieser Möglichkeit gemacht zu haben.
Und obwohl die Medizin die Möglichkeit der Wiedergeburt auf Grundlage der fehlenden Beweise verneint, ist es ihr selbst nicht möglich, den Umkehrschluss zu beweisen. Bis heute war es ihr nicht möglich, den Beweis der Nichtexistenz einer Wiedergeburt vorzulegen.
Dieses Hin und Her an Erkenntnissen half mir allerdings auch nicht weiter. Auf der einen Seite die medizinische Wissenschaft mit ihrer

ablehnenden Haltung, auf der anderen Seite 1/3 der Weltbevölkerung mit ihrer Vorstellung einer Wiedergeburt. Beide Seiten mit ihrer jeweils eigenen Vorstellung vom Leben nach dem Tod. Wenn beide Seiten nicht beweisen können, dass ihre jeweilige These stimmt, was bleibt uns dann?

Ich begann alle vorliegenden Erkenntnisse zu diesem Thema zu sammeln und zu analysieren. Auch viele Gespräche mit meinem Lama hatten in der Folgezeit dieses Thema zum Inhalt. Auf diese Art und Weise konnte ich mich später für eine Meinung mit gutem Gewissen entscheiden.
Grundsätzlich geht der Buddhist davon aus, dass nichts von allein existiert. Nichts ist auf einmal da, ohne dass dem etwas vorausgegangen war. Alles unterliegt dem ewigen karmischen Kreislauf von Ursache und Wirkung.
Mit dem Wissen der karmischen Abläufe erschloss sich mir auch die logische Konsequenz, dass nach dem körperlichen Tod das Prinzip von Ursache und Wirkung nicht auf einmal enden kann.

Weiterhin las ich sehr interessante Artikel über amerikanische Studien, in welchen sich Kleinstkinder mit einem Wissen darstellten, welches sie sich in ihrem kurzen Leben, so in dieser Form, niemals hätten aneignen können.
Der bekannte akademische Wissenschaftler Jim Tucker erforscht in den USA seit 15 Jahren Kinderberichte über frühere Leben. Es existieren mehrere Tausend Fälle, in denen Menschen

glaubhaft nachweisen konnten, dass sie bereits gelebt hatten.

Auch der mittlerweile verstorbene Ian Stevenson hat Unmengen von Reinkarnationsfällen zusammengetragen. Seit den Sechzigerjahren suchte Ian Stevenson Kinder auf, welche von sich behaupteten, schon einmal gelebt zu haben.
Viele Kinder waren erst 2-3 Jahre alt, als sie das erste Mal von anderen Eltern, Geschwistern und Örtlichkeiten berichteten beziehungsweise ihre jetzigen Eltern danach gefragt hatten.

Als diese Kinder älter wurden und sich die Aussagen immer mehr verfestigten, suchten Menschen wie Ian Stevenson mit den Kindern und ihren Eltern die Orte aus deren Erzählungen auf. Sehr häufig bestätigten sich die Erzählungen der Kinder. Die Orte entsprachen genau den Angaben und die Bewohner konnten die Aussagen der Kinder fast immer vollständig bestätigen.

Weiter noch, einzelne Kinder kannten ihren ursprünglichen Namen und waren auch in der Lage, die Namen der ehemaligen Familienangehörigen vollständig zu benennen. Als Wissenschaftler mit diesen Kindern die Familienangehörigen der Verstorbenen aufsuchten, erzählten die Kinder Details, welche nur der Verstorbene selbst kennen konnte.

Man könnte nun annehmen, dass diese Kinder sich über die Verstorbenen informiert haben, um ihren Eltern einen Streich zu spielen. Das entbehrt aber jeglicher Grundlage, da die Kinder mit den Erzählungen bereits im Alter von 2-3 Jahren begannen. Weiter entspricht der Detailreichtum dieser Erzählungen niemals dem Wissen eines 2-3 Jahre alten Kindes.

Ein weiterer sehr interessanter Fall spielte sich in der Türkei ab. Ein kleiner Junge mit einem verkrüppelten Ohr und hellen Stellen um das Ohr herum sagte aus, dass er in seinem vorherigen Leben von seinem Nachbarn mit einer Schrotflinte erschossen wurde. Der Name des Nachbarn war ihm noch bekannt.

Bei der Recherche dieses Falles konnte anhand des Autopsieberichtes des Erschossenen nachgewiesen werden, dass die heutigen hellen Stellen um das Ohr des Jungen herum exakt den Einschusslöchern der Schrotkugeln des Verstorbenen entsprachen.

Erklärungen, welche Grundlagen vorliegen müssen, um Verletzungen aus einem vorherigen Leben in das nächste Leben zu übernehmen, würde hier den Rahmen sprengen. Aus diesem Grunde wird dieser Themenbereich in diesem Buch nicht weiter behandelt.

Weiterhin gibt es glaubhaft medizinische Arten der Hypnose, welche ebenfalls darauf schließen lassen, dass die Probanden bereits einmal gelebt haben.

Auch die Berichte von Personen, welche bereits klinisch tot waren und ins Leben zurückgeholt werden konnten, zeigten auf, dass der Geist-Strom (Bewusstsein) unabhängig vom körperlichen Tod weiter existierte. Auch wenn Mediziner dieses auf vielfältigste Art und Weise verneinen, beweisen können sie ihre eigenen Gegen-Thesen nicht.

Trotz all dieser Erkenntnisse (allein Ian Stevenson hat ca. 2.000 Fälle recherchiert) akzeptiert die moderne Medizin keinen als Beweis, da ihrer Meinung nach der wissenschaftliche Nachweis nicht zu erbringen sei (offizielle Meinung).

Gehen wir mal davon aus, dass das alles uns dennoch überzeugt hat und wir die Möglichkeit der Wiedergeburt zumindest nicht mehr gänzlich ausschließen.

Was aber genau soll denn nun weiterleben?

Der Geist-Strom (Bewusstsein), sprich das, was von einem Leben zum anderen wandert, wird gern mit folgendem Beispiel erläutert.

Stellen Sie sich den Körper als Radiogerät und den Geist-Strom als Sender vor. Sollte das

Radiogerät kaputt gehen, betrifft das nicht den Sender, denn dieser ist noch existent. Sofern wir ein neues Radiogerät anschließen, werden wir den Sender wieder wahrnehmen können.

So wie in diesem vereinfacht dargestellten Beispiel ist der Zusammenhang von Körper und ewigem Geist-Strom zu sehen. Der Geist-Strom ist kein festes, greifbares Objekt, er ist auch nirgendwo angehangen oder manifestiert.
Vielmehr ist er ein nicht endender, immer wieder durch den entstehenden Moment neu definierter Zustand, welcher nicht durch den Tod eines Körpers endet, sondern sich selbst permanent neu strukturiert.

Der Geist-Strom ist vom Körper getrennt zu sehen und nicht mit ihm verbunden und dadurch in der Folge auch nicht zerstörbar.

Die Medizin sieht den Tod ausschließlich körperlich. Das bedeutet, es gibt klare Signale, wann der Tod medizinisch eingetreten ist. Wenn der menschliche Körper im Sterben liegt, ist er nicht mehr in der Lage, Körperflüssigkeiten zu halten. Die Organe beginnen zu versagen, die Körpertemperatur nimmt ab und die Atmung wird langsamer, bis sie sich vollständig einstellt.

Aus dem Fernsehen kennen wir die nun folgende durchgehende Null-Linie, sichtbar auf dem Monitor. So wie ich sie auch damals beim Tod meines Vaters wahrgenommen habe. Der körperliche Tod ist nun eingetreten.

Buddhistisch gesehen passiert jetzt Folgendes. Ein Energiefeld wandert vom Kopf herunter zum Herzen und ein weiteres Energiefeld wandert vom Mittelkörper zum Herzen herauf. Während dieser Wanderung verändert sich das Bewusstsein auf vielfältige Weise und es reinigt sich von ehemals negativen Strukturen.
Diese grundlegenden Änderungen enden beim Zusammentreffen der beiden Energiefelder im Zentrum des Herzens.
Nunmehr sind circa 30 Minuten vom medizinischen Tod aus gesehen vergangen und die Trennung von Körper und Geist steht unmittelbar bevor.
Ist diese Trennung vollzogen, ist der Mensch auch aus buddhistischer Sicht tot.

Dieses ist der Zeitpunkt, an dem der Geist-Strom in eine erste mehrtägige Ohnmacht fällt.
Da den Geist-Strom noch innewohnende Gewohnheitsmuster beherrschen, sucht er im Anschluss sein gewohntes Umfeld auf.
Nur langsam bemerkt er, dass er sein Umfeld nur noch als Geist-Strom wahrnimmt, körperlos und wie durch eine Nebelwand sehend.

In dieser Zeit ist er extrem verwirrt und wird in der Folgezeit zwei weitere Male jeweils in eine tiefe Ohnmacht fallen. In dem zweiten dieser Ohnmachtsanfälle verliert er fast sämtliche

Erinnerungen und versucht nun, dieser Situation zu entfliehen. Zu diesem Zeitpunkt beginnt er sich einen neuen Körper bzw. eine Eizelle zu suchen.

Der gesamte Prozess vom buddhistischen Tod bis zu diesem Zeitpunkt dauert circa 50 Tage. Die Meinungen differieren um +/- 2 Tage.
Um dem Geist-Strom den Übergang so leicht wie möglich zu machen, sollten die Hinterbliebenen das ehemalige Umfeld des Verstorbenen in dieser Zeit nicht verändern.
Nach den 50 Tagen ist fast jegliche Erinnerung erloschen. Mit den wenigen Resten sucht sich der Geist-Strom letzte bekannte Muster in seiner neuen zukünftigen Umgebung.

Indem er sich mit dem Zellkörper (Ei) der neuen Mutter verbindet, entsteht ein neues körperliches Leben. Obwohl er nicht derselbe Mensch wie im vorherigen Leben ist, übernimmt er doch, geprägt auf Basis des Prinzips von Ursache und Wirkung (Karma), Eigenschaften aus der vorherigen Lebenszeit in die neue körperliche Welt mit und trägt dem ehemals angehäuften Karma Rechnung.

Kapitel 2:
Sich selbst wahrnehmen

Die Gewohnheitsenergie

Die Gewohnheitsenergie ist neben der Energie des Hasses die stärkste Energie, mit welcher wir uns auseinandersetzen müssen. Die Gewohnheitsenergie ist hauptverantwortlich für einen sehr großen Anteil unseres Tagesablaufes. Sie kann unterteilt werden in zwei Kategorien:

- die täglich wiederkehrende Gewohnheit
- die emotional gesteuerte Gewohnheit

<u>Die täglich wiederkehrende Gewohnheit</u>
Diese Energie ist die permanent vorhandene Energie. Sie ist es, welche uns von morgens bis abends durch den Tag führt, ohne dass wir die einzelnen Schritte des Tages bewusst erleben. Wenn wir mit dem Auto zur Arbeit fahren, setzen wir uns in den Wagen, fahren los und kommen an.

FERTIG!
Mehr passiert nicht!

Sie werden jetzt sagen: „Was soll auch passieren? Wir wollten zur Arbeit und nun sind wir da!"
Reinsetzen, losfahren, ankommen. So erleben wir die Autofahrt tagtäglich und sind uns gar nicht bewusst, welche geistigen und körperlichen Notwendigkeiten umgesetzt werden mussten, um diesen Vorgang durchzuführen:

- wir nehmen die Autoschlüssel
- wir öffnen die Garage
- wir schließen das Auto auf
- wir öffnen die Tür
- wir steigen ein
- wir stecken den Schlüssel in das Schloss
- wir legen den Gurt an
- wir legen den Leerlauf ein oder treten die Kupplung
- wir starten den Motor
- wir schauen uns um
- wir legen den Gang ein
- wir lassen die Kupplung kommen
- wir geben etwas Gas

usw.

Die oben genannten einzelnen Schritte spiegeln nur den Ablauf bis zum ersten Gasgeben wider. Damit sind wir noch nicht losgefahren, geschweige denn angekommen.

Jetzt überlegen Sie bitte, wie viele Buchseiten Sie füllen müssten, um alles aufzuführen, was notwendig ist, um an Ihrem Ziel anzukommen und den Wagen abzustellen.

Wenn Sie sich diese Vielzahl der Schritte einmal durch den Kopf gehen lassen, bekommen Sie ein Bild dessen, wie viel Ihnen die Gewohnheitsenergie tagtäglich abnimmt.

Und bedenken Sie weiter, dass dieses Beispiel nur der Fahrtweg zur Arbeit war, nicht mehr! Wenn wir alle unsere Tagesabläufe im Einzelnen Revue passieren lassen, erhalten wir ein ungefähres Bild darüber, wie viel wir selber aktiv und bewusst getan haben und wie viel wir der Gewohnheitsenergie überließen.

Die Schritte, welche wir nur einen einzigen Tag der Gewohnheit überlassen, würden ein ganzes Buch füllen.
Die Gewohnheitsenergie erleben wir nicht bewusst. Die Hauptursache dafür ist die Unaufmerksamkeit.

Reinholt Franzen sagte einmal, dass es sich hierbei um „verschenkte" und vor allem „vergessene" Lebenszeit handeln würde.

Das ist dem Wert unseres Lebens nicht angemessen.

Die Zeit, die ein jeder von uns hat, sollte sinnvoll genutzt werden. Im ersten Schritt, um sein Leben bewusster und somit reichhaltiger zu gestalten, und im zweiten Schritt, um für die Bedürfnisse aller Wesen aufmerksamer und empfänglicher zu sein.

Die emotional gesteuerte Gewohnheit
Diese Energie ist eine zeitlich begrenzte Energie. Sie tritt in der Regel nur kurzfristig auf und

verursacht gewöhnlich bei sich selbst und anderen die Gefahr eines leidvollen Zustandes. Verantwortlich dafür ist der sehr hohe emotionale Druck. Dieser wird innerhalb der Situation von uns nicht bewusst wahrgenommen. Dieser Druck entlädt sich gewöhnlich sehr schwallartig und hält nicht lange an.

Bei beiden Gewohnheiten verlieren wir die bewusste Handlungsvollmacht.
Bei der emotional gesteuerten Gewohnheit kommt, wie der Name schon sagt, noch der hohe Grad der Emotionalität hinzu. Das bedeutet den Wegfall unseres rationalen Denkens sowie unserer Objektivität. In diesem Zustand begeben wir uns auf sehr dünnes Eis.

Diese Form der Gewohnheit ist es auch, in welcher wir Dinge tun oder sagen, welche wir später, in der Regel, bereuen. Haare raufend fragen wir uns dann, wieso wir das getan oder gesagt haben. Meine Güte, bin ich da übers Ziel hinausgeschossen!

Nehmen wir folgendes Beispiel:
Sie sind bereits seit den frühen Morgenstunden beruflich unterwegs und haben einen Fall nach dem anderen abgearbeitet, viele unbequeme Telefonate geführt und zum Abend hin auch noch Stress mit einem großen Zulieferbetrieb. Nun, nach fast 9 Stunden kommen Sie leicht gereizt und müde ins Büro, um zu schauen, was morgen auf dem Programm steht.

Ihr Vorgesetzter kommt jetzt zu Ihnen um die Ecke und beklagt sich über Ihre mangelhafte Arbeitsleistung, legt Ihnen einen Stapel Unterlagen auf den Tisch, mit der Ansage, das heute noch zu erledigen.

Je nachdem wie stark Sie bereits vor dieser Situation gereizt waren, entlädt sich jetzt die emotional gesteuerte Gewohnheitsenergie. Das, was jetzt passiert, kann Sie den Job kosten. In diesem Moment denken Sie aber nicht an die möglichen Folgen Ihres Handelns.

Realisieren werden Sie das erst später.

Solche oder ähnliche Situationen haben wir sicherlich alle schon einmal erlebt. Obwohl wir wissen, dass unser Verhalten nicht richtig war, und wir uns vornehmen, es beim nächsten Mal besser zu machen, sollten wir davon ausgehen, dass uns die Gewohnheitsenergie auch beim nächsten Mal wieder einen Strich durch die Rechnung machen wird.

Dadurch, dass unser rationales Denken in dieser Situation stark eingeschränkt ist, empfinden wir unsere Reaktion auf die vorangegangene Situation als gerechtfertigt. Erst später, wenn unsere Objektivität wieder greift, erkennen wir unsere zum Teil stark überzogene Reaktion. Nur, dann haben wir den Schaden bereits verursacht.

Wie wir noch in einem späteren Kapitel erfahren werden, wird unsere Wahrnehmung über sogenannte Bewusstseinsebenen gesteuert.

Gemäß der Lehre Buddhas verfügen wir über verschiedene Bewusstseinsebenen.
Die Gewohnheitsenergie ist ein Produkt unserer körperlichen und geistigen Wahrnehmung und entsteht in der (dritten) Ebene, welche u. a. als Speicherebene bezeichnet wird.

Aber hierzu später mehr.

Was ist real?

Das Thema „Was ist real" ist ein zentrales Thema im Buddhismus. Ein Thema, mit welchem wir uns im Westen kaum bis gar nicht auseinandersetzen. Der Buddhismus spricht hierbei von der Leerheit aller Dinge.
Eine junge Schülerin stellte die Frage, wie es möglich sei, dass sie sich über bestimmte Dinge aufregen würde, wohingegen ihr Partner diese Dinge als völlig harmlos ansehen würde. Es würde dadurch häufig zum Streit in ihrer Beziehung kommen. Anhand eines Beispiels wurde die Situation erläutert.

Ich nahm ein vermeintlich älteres Meditationskissen und fragte fünf Schüler aus der Gruppe nach ihrer Meinung zu diesem Kissen. Drei von ihnen antworteten relativ schnell. Die beiden anderen brauchten etwas länger, um sich ein genaueres Bild machen zu können.

Die ersten drei fanden das Kissen unansehnlich und alt. Bei den beiden anderen meinte der Erste, das Alter und die Beschaffenheit seien durchaus in Ordnung. Der Zweite der beiden fand das Kissen sogar hübsch. Er meinte, es wirke irgendwie mediterran und authentisch.

Ich fragte in die gesamte Gruppe:
„Wie ist denn nun der reale Zustand des Kissens?"

Zunächst schien es, als habe niemand die Frage richtig verstanden, denn geantwortet hat keiner. Erst später folgten unterschiedliche Meinungen verschiedener Schüler.

Bisher galt für alle die gleiche Denke. Auf außenstehende Dinge/Vorkommnisse kann jeder nur in seinem Rahmen (Bildung/Erziehung/Erfahrung usw.) reagieren. Wir können die Dinge nicht beeinflussen oder lenken! Wir stehen manchen Gegebenheiten regelrecht machtlos gegenüber und können nur versuchen, das Beste daraus zu machen!
Diese Art des Denkens ist vornehmlich in der westlichen Welt auffällig. Dennoch gibt es diese – außenstehenden - Dinge/Vorkommnisse so real, wie wir bis dato dachten, nicht.

Kommen wir auf das Meditationskissen zurück. Fünf Schüler, drei Meinungen. Wie kann das sein? Das Kissen (außenstehend) war doch für alle gleich sichtbar! Wie ist der reale Zustand des Kissens? Gibt es diesen realen Zustand überhaupt?

Nein, denn die Realität des Kissens bildet sich erst im Kopf eines jeden Betrachters. Es ist eben nicht dieser feste, nicht verrückbare, außenstehende Zustand. Das Kissen in diesem Fall war die neutrale Grundlage zur Bildung unserer Meinung. Aber wie bildet sich unsere Meinung?

Der Hintergrund der westlichen Meinungsbildung und Denkweise liegt vornehmlich darin, dass wir es gelernt haben, alles, was wir um uns herum wahrnehmen, als außenstehende Gegebenheiten zu betrachten. Dies können zum Beispiel Bäume, Gebäude und Fahrzeuge, ja sogar Ereignisse wie Geburtstage, Großereignisse wie Weltmeisterschaften und sogar Gedanken und Empfindungen sein.

Wir betrachten die Dinge als unabhängig von uns, als etwas Außenstehendes. Dabei entscheiden doch wir über unseren Geist und dieser über unsere Empfindungen.
Die Lehren und Erfahrungen unseres Lebens ziehen wir unbewusst in alle unsere Entscheidungen und zukünftigen Urteile mit ein. Dadurch können wir niemals etwas wirklich objektiv erkennen und wahrnehmen. Aus diesem Grunde sind wir nicht in der Lage, die wirkliche Realität zu sehen.

Wir leben in einer Welt, in welcher nur unsere Meinungsbildung gilt. Nur diese, unsere vermeintliche Realität ist richtig.

Ist es Ihnen nicht auch schon einmal passiert, dass Sie mit dem Zug fahren wollten und dieser eine Verspätung hatte? Gehören Sie zu den Menschen, die gelernt haben, stets pünktlich zu

sein? Für die Unpünktlichkeit ein absolutes no-go ist?
Dann hatten Sie in dieser Situation am Bahnsteig genügend Zeit, sich über die Zustände vor Ort aufzuregen. Abgesehen davon, dass dadurch der Zug auch nicht schneller kam, stieg in diesem Moment Ihr Herzanfallrisiko um 50 %.

Wären Sie aber ein Mensch, welcher bereits häufiger auf seinen Zug hatte warten müssen, würde sich dieses Beispiel nur an eines von vielen reihen und Sie würden, außer eines kurzen Kommentars vielleicht, den Verlauf auf sich beruhen lassen.

Der Geist ist das zentrale Instrument, welches es zu schulen gilt, um ein zufriedenes und glückliches Leben zu führen. Eine Person mit einem friedvollen Geisteszustand wird auch in schwierigen Zeiten in der Lage sein, positiv zu denken. Selbst bei persönlichen Angriffen oder Unterstellungen wird es möglich sein, diese Vorgänge problemlos hinzunehmen.

Im umgekehrten Sinne kann ein Mensch im Äußeren, also z. B. im Berufsleben, finanziell und materiell sehr gut aufgestellt sein. Ist sein Geist aber nicht geschult, werden ihm diese äußeren, vermeintlich positiven Aspekte dennoch nicht ausreichen. Er wird versuchen, mehr und mehr zu erreichen, da sich die Gier im ungezügelten Geist ausbreiten kann.

Das Erreichte wird bereits nach kürzester Zeit als nicht mehr ausreichend betrachtet. Er wird im Äußeren niemals wirklich zufrieden sein. Trotz des materiellen Wohlstandes werden sich immer neue Probleme auftun. Das ist tragisch, zumal wir nun wissen, dass die unterschiedlichen Sichtweisen (vermeintliche Realität/Meditationskissen) sich nur im Geiste entwickeln.

Zu begreifen, dass die äußere Realität gar nicht existiert, sondern nur ein Gebilde unseres Geistes ist, muss erst einmal verdaut werden.

Wir entscheiden, was wir denken.

Das muss verinnerlicht und durch Meditation verfestigt werden.
Es dauert einige Zeit, bis diese Thematik wirklich verstanden wird. Dennoch ist das Wissen um die äußere Illusion und der Umgang damit sehr wichtig. Das soll nicht heißen, dass das, was wir sehen, wenn wir morgens aus dem Fenster schauen, nicht da wäre. Natürlich ist alles da, was wir sehen!
Nur empfindet jeder das Gesehene anders. Dieses Empfinden ist für uns dann real und beeinflusst unseren Gemütszustand ganz extrem. Es beeinflusst uns in die positive Richtung, wenn es uns vom Grunde her bereits gut ging, oder in die negative Richtung, wenn wir auf dem Weg

zum Fenster bereits mit dem falschen Fuß aufgestanden sind.

Um später weitere Erkenntnisse über sich selbst oder andere erlangen zu können, ist das Wissen um die „neutralen Grundlagen" und den passenden Umgang damit zwingend notwendig. Diese Erkenntnis ermöglicht uns, die Hilflosigkeit dem Außenstehenden gegenüber zu verlassen, und führt auf den Weg der effektiven Selbstbestimmung.

Diese Selbstbestimmung kann folgerichtig zu Problemen führen, wenn mehrere Personen einen Zustand beurteilen sollen.
Wobei wir jetzt aber wissen und selbst entscheiden können, ob wir es als Problem ansehen oder nicht!

Wer bin ich / Was entscheide ich?

Buddhismus wird nicht gelernt, sondern gelebt. Bei der Umsetzung der Lehre Buddhas in das tägliche Leben wird bewusst, wie viele Entscheidungen wir scheinbar ohne Kontrolle des Geistes dem Verstand überlassen.

Aber warum ist das so? Wie konnte ich die Kontrolle über so viele Entscheidungen in meinem Leben dem Automatismus „Verstand" überlassen? Wir wissen mittlerweile, dass es sich hierbei um die Gewohnheitsenergie handelt. Aber auch diese muss sich ja entwickelt haben!
Ich fragte mich, warum wir auch beim Sofakauf oder bei der Überlegung, in welche Richtung wir heute den Rasen mähen, in erster Linie dem Verstand die Entscheidung überlassen?

Das alles führte mich unweigerlich zu der Frage

Wer bin ich / Was entscheide ich?
oder:
Leben wir das Leben der anderen nur weiter?

Jeder wird sich irgendwann im Leben zumindest einmal diese Frage stellen! Die einen früher, die anderen später. Kaum jemand wird sich aber so lange mit dieser Frage beschäftigen, bis er eine wirklich fundierte Antwort darauf erhält. Warum ist das so?

Es gibt Lebenslagen, in denen sich die Frage „wer bin ich" geradezu aufdrängt. Dabei handelt es sich meist um Situationen, in denen wir uns unwohl fühlen bzw. mit einer oder mehreren Gegebenheiten zurzeit sehr unzufrieden sind.

Aus diesem Grunde sind wir an einer langen Überlegung oder Recherche nicht interessiert. Wir möchten eine Antwort erfahren, welche uns schnell aus dieser negativen Phase herausholt. Diese Antwort ist in der Regel zwar falsch, aber suggeriert uns ein passendes Ergebnis. Wir sind zufrieden!
Bei der Fragestellung nach dem „Ich" müssen wir unterscheiden, wie genau die Antwort ausfallen soll.

Mögliche Fragestellungen in der Form von „Bin ich ein guter Mensch? Bin ich ein guter Mitarbeiter? Bin ich pünktlich/zuverlässig/ehrlich?" lassen sich relativ schnell klären! Entscheidend aber auf der Suche nach einer genaueren Antwort ist das Wissen, wie wir zu dem geworden sind, was wir heute zu sein scheinen.
Im Buddhismus wird davon ausgegangen, dass jedes Lebewesen bereits Eigenschaften und Erfahrungen aus den vorherigen Leben mitbringt. Inwieweit diese in unser jetziges Leben hineinreichen, wird niemand verbindlich sagen können. In unserem jetzigen Leben prägt uns in

erster Linie alles, was von nun an auf uns zukommt.

Wir sind alle nur mit einem geringen Prozentsatz angeborenen Verhaltens ausgestattet. Das bedeutet folgerichtig, dass wir später in erster Linie zu dem werden, was wir ab dem Zeitpunkt unserer Geburt lernen bzw. gelehrt bekommen (inkl. der Eigenschaften und Erfahrungen aus vorherigen Leben).

Meinungen anderer Menschen werden in erheblichem Umfang unser aktuelles Meinungsbild prägen.
Das Vorleben anderer wird uns maßgeblich zu dem machen, was wir später in unserem jetzigen Leben sind.
Wie also werden wir zu unserem heutigen Ich?

Stellen wir uns unseren Verstand als einen Stein in einer großen Kunststoffwanne vor. Jede unserer Erfahrungen können wir mit etwas Wasser vergleichen, welches wir in die Wanne einlaufen lassen. Der Stein wird mit Wasser ummantelt und wir verlieren ihn irgendwann aus den Augen. Er wurde umhüllt und immer weiter eingeschlossen.
Wenn wir nun das stetige Einfließen des Wassers mit der Entwicklung unseres Verstandes vergleichen, können wir folgende Aussage treffen: „Bis zu dem Zeitpunkt des Einfüllens von Wasser gab es keine Einschränkungen, keine Entscheidung aufgrund von Erfahrungswerten, kein Abwägen von richtig oder falsch."

Jetzt aber, nach dem Einfüllen, beginnt die Limitation des Verstandes zu greifen und unser freies Denken, ausgerichtet am Verstand, entfernt sich vom ehemals unbelasteten freien „Ich".

Als Kind versuchen wir zu gefallen, um Lob zu erhalten und Tadel abzuwenden. Das bedeutet, dass wir ab sofort vornehmlich versuchen werden, das zu tun, was gefällt. Dasselbe passiert später im Berufsleben. Wer möchte nicht erfolgreich sein? Nur füllt sich mit jeder Erkenntnis und jeder Erfahrung und Anpassung die Wanne weiter mit Wasser, bis vom Stein nichts mehr zu sehen ist.

Somit sind wir heute zu einem Menschen geworden, welcher nur durch das Einwirken Dritter und unseren eigenen begrenzten Verstand so geworden ist, wie wir sind.
Das Erstaunliche daran ist, dass auf Anfrage fast jeder sein Handeln für den eigenen Willen hält und nicht bemerkt, wie weit er durch die Lenkung der Gesellschaft, anderer Personen oder des Gefallenwollens beeinflusst wurde.

Grundsätzlich lebt jeder Mensch sein Leben so, wie er es als richtig empfindet. Aber befinden wir uns letztendlich nicht nur dort, wo andere uns sehen wollten? Haben nicht Dritte uns den Weg bis hierhin geebnet und vorbereitet? Bewusst oder unbewusst?
Wenn wir uns das bewusst machen, können wir uns auf der Suche nach dem „Ich" bereits eine Menge an Fragen selber beantworten.

Sollte das nicht ausreichen, können wir uns einer weiteren Methode bedienen, die uns noch einiges erklärt und uns nachdenken lässt.

In einer ruhigen, für uns entspannten Zeit setzen wir uns und versuchen bestimmte, für uns wichtige Lebensabschnitte Revue passieren zu lassen. Wir selbst verlassen die Situation und werden Zuschauer dieser Lebensphasen.

Wir spielen die Situation in unserer Erinnerung so klar und deutlich wie nur möglich nach. Wir sind jetzt der Besucher unseres eigenen Theaters. Wir urteilen nicht, wir schauen nur zu.

Das wird nicht auf Anhieb klappen, denn wenn wir unterschwellig merken, hier oder da könnten wir Unrecht gehabt haben, versucht unser Verstand, die Vorstellung ins Lächerliche zu ziehen und abzubrechen.

Sollten wir wirklich abbrechen, wissen wir für das nächste Mal, dass wir der Situation noch zu nahe waren und diese nicht wirklich verlassen haben. Also sollten wir später das Ganze wiederholen. Irgendwann wird dieser Vorgang zur Routine. Zuerst ist es für viele ein Problem, nach der Vorstellung zu erkennen, wie viel wir doch möglicherweise falsch gemacht haben.

Das Schöne an diesen Vorstellungen aber ist die wachsende Achtsamkeit im zukünftigen Lebensablauf. Wir werden sensibler mit kommenden Situationen umgehen. Wir erfahren nach und nach mehr über uns selbst und über unsere gesamte Lebenssituation.

Die Illusion vom Ich

oder „So bin ich nun mal"

Sich zu verändern stellt für fast alle Menschen eine große Herausforderung dar. Die Aussage „so bin ich nun mal" wird jeder schon einmal von einem Freund oder Familienangehörigen gehört haben. Das, an dem sich der Mensch festhält, sind die Dinge, mit denen wir uns selbst identifizieren. Dem scheinbar unveränderbarem „Ich".

- Ich habe Angst vor Spinnen
- Ich kann nicht zuhören
- Ich bin immer unter Zeitdruck
- Ich nehme mir alles zu Herzen
- Ich bin zu dünn oder zu dick usw.

Hier könnten noch viele Punkte aufgeführt werden. Wir nehmen solche Eigenschaften als unveränderbar an und glauben, dass diese Punkte unsere Persönlichkeit ausmachen.
Diese Eigenschaften geben uns das Gefühl, so stark mit uns verbunden zu sein, dass wir mehr und mehr das Gefühl dafür verlieren, diese Eigenschaften jederzeit ändern zu können, erst recht, wenn wir mit einigen von ihnen nicht mehr zufrieden sind.

Wir haben die Möglichkeit, selbst zu bestimmen, ob wir uns verändern wollen oder nicht. Das kann im Kleinen beginnen, wie z. B. mit dem Wunsch, mehr Sport zu treiben oder morgens pünktlicher aufzustehen. Das können aber auch große Ziele sein, wie zum Beispiel, mit dem Rauchen aufzuhören oder eine neue Religion kennenzulernen.

Sofern wir glücklich und zufrieden sind, ist alles in Ordnung, unabhängig davon, was wir glauben oder tun, solange wir einem anderen Wesen dabei nicht schaden. Aber in Zeiten, in denen wir unglücklich oder unzufrieden sind, sollten wir beginnen, darüber nachzudenken, uns zu verändern.

Wir haben es in der Hand.

Folgendes Beispiel erklärt es genauer.

„Wenn du dich jeden Abend an dieselbe Stelle des Ufers eines Flusses stellst und auf das Wasser schaust, wirst du jeden Abend dennoch auf einer anderen Stelle stehen und auch das Wasser wird ein anderes sein."

Hört sich erst einmal merkwürdig an, ist im Kleinsten betrachtet aber richtig. In jeder Sekunde verändert sich der Zustand des Ufers. Trockene Sandbereiche werden aufgrund der Wellen nass, Sandschichten werden abgetragen und Kleinsttiere bahnen sich den Weg durchs Unterholz.

Das Wasser, welches wir gestern sahen, ist nicht das Wasser, welches wir heute sehen. Es ist

lediglich derselbe Fluss, aber auch dieser verändert sich ständig. Fließgeschwindigkeit, Temperatur und unterschiedlicher Fischbesatz, Wasserwerte sowie Wassermenge sind niemals gleich.
Ständiger Wechsel der Eigenschaften, kein fester oder dauerhafter Zustand. Die Natur ist im ständigen Umbruch.

Der Mensch gehört zur Natur und unterliegt daher auch diesen Regeln. Nur der vom Verstand gesteuerte Mensch hat ein Problem mit dieser Erkenntnis. Der Mensch muss einordnen können, katalogisieren, definieren und die Sicherheit haben, dass er alles jederzeit unter Kontrolle hat.

Die Erkenntnis, dass sich alles in einem ständigen Wechsel befindet, nimmt ihm die Möglichkeit der Machtausübung und somit der eigenen Sicherheit. Macht ausüben kann der Mensch am einfachsten dort, wo keine Veränderung stattfindet.
Permanente Veränderung aber würde es erforderlich machen, sich auf die Veränderungen immer wieder neu einzustellen, und genau dort liegt das Problem. Solange wir nicht erkennen, wie der Lauf der Natur vonstattengeht, definieren wir uns, wie oben bereits beschrieben, als ein unveränderbares „Ich".

Wenn wir schwer krank sind, gehen wir ins Krankenhaus und lassen uns entsprechend behandeln. Notwendige Operationen verweigern wir nicht mit der Aussage: „So bin ich nun mal".

Denn das hätte in vielen Fällen sicherlich fatale Folgen.
In jeder Sekunde des Lebens verändert sich alles. Wir lernen nicht nur auf geistiger Ebene immer dazu, jede Empfindung, jedes Erzählte oder Erlesene verändert uns.

Unser Körper verändert sich im Laufe unseres Lebens ca. alle 7 Jahre vollständig. Alle Fasern und Zellen erneuern sich permanent, sodass wir nach ca. 7 Jahren quasi einen neuen Körper haben. Innerlich wie äußerlich.
In diesem Moment, in welchem Sie diese Zeilen lesen, wird der Grundstein einer veränderten Wahrnehmung für die Zukunft gelegt. Wenn Sie später irgendwann den Satz „so bin ich nun mal" hören, werden Sie ihn anders empfinden als vor diesen Zeilen. Das genau ist die permanente Veränderung in uns allen.

Aber was steckt wirklich dahinter?
Grundsätzlich hat weder ein Mensch noch ein Tier oder eine Pflanze eine Eigennatur, ein eigenes, unveränderbares „Ich Selbst". Der Buddhist spricht in diesem Fall von der „Nicht-Ich-Lehre".
Wir alle haben nichts „Unveränderliches" in uns.
Alles das, was in unserem Leben passiert, unterliegt der ständigen Veränderung entsprechend dem Gesetz von Ursache und Wirkung, dem Gesetz des Karma. Zuerst ist es schwer zu akzeptieren, dass unsere Eigennatur die der Leerheit ist.

Die Veränderungen, welche oben bereits beschrieben wurden, zeigen auf, wie schnell scheinbar beständige Dinge sich doch immer wieder verändern. Warum aber können wir, neben dem Gefühl der eigenen Machtausübung/unserem Sicherheitsdenken, das so schwer nachvollziehen?
Die Ursache für dieses Unverständnis ist unser duales Denksystem.

- Ich bin ...
- Du/Es bist ...
- Ich möchte ...
- Du/Es möchte ...

So erschaffen wir eine Denkform, welche uns von vorhandenen Dingen trennt. Somit glauben wir: „Ich bin nicht Teil von etwas, sondern eine Eigennatur, ich bin eigenständig."

Indem wir uns mit unserer Denke aus der Umwelt herauslösen, begeben wir uns in die Welt der geistigen Verwirrung, der Illusion einer falschen, nicht realen Gegebenheit.

Nicht nur Buddha, sondern auch Einstein erkannte später die Tatsache, dass alles Existierende relativ ist. Das bedeutet, dass nichts allein Bedeutung hat.

Die Realität um uns herum ist nicht vorhanden, sofern sie nicht durch unser Bewusstsein wahrgenommen wird. Der Träumer und der Traum

zum Beispiel können nicht unabhängig voneinander existieren. Ohne Träumer kein Traum. Ohne Traum kein Träumer. Die dualistische Sichtweise trennt die Dinge voneinander und schafft so die Grundlage einer falschen Weltanschauung.
Eine Weltanschauung, welche Kriege, Trennung, Schmerz u. a. zur Folge haben kann und leider auch hat.
Wie können wir dem begegnen?

Wir erkennen die Leerheit aller Dinge, indem wir begreifen, dass alles im Inneren und im Äußeren nur in unserem Geist existiert. Unser Geist ist das wahre Kino unseres Lebens. Wenn wir uns das bewusst machen, werden wir die Leerheit in allem erkennen.

60.000 Gedanken

60.000 Gedanken gehen einem Menschen am Tag durchschnittlich durch den Kopf. Das erscheinen uns im ersten Moment relativ viele Gedanken zu sein. Das täuscht allerdings, denn die tägliche Gedankenflut beginnt bereits morgens in der Aufwachphase und hält den gesamten Tag an.

Wenn wir uns bewusst machen, dass sich von den 60.000 Gedanken ca. 57.000 Gedanken täglich wiederholen und nur jeweils 3.000 neue Gedanken hinzukommen, ist das ein gesondertes Kapitel wert.

Nun stellen Sie sich vor, Sie passen auf 60.000 Kinder auf und alle laufen in unterschiedliche Richtungen. Die fehlende Kontrolle würde in diesem Fall fatale Folgen haben.
Sie wären dem Wohlwollen der Kinder hilflos ausgeliefert. Wenn das Umfeld der Kinder lockt und zum Spielen/Toben einlädt, könnten Sie zusehen, wie sich jedes der Kinder von Ihnen abwendet, um mit den Spielsachen zu spielen. In dieser Situation alle 60.000 Kinder über den Tag gesehen zu kontrollieren, ist unmöglich.

Wenn wir ohne Wünsche und Ziele durchs Leben gehen, haben unsere Gedanken keinen vorgegebenen Pfad vor sich. Sie gehen in alle

Richtungen auseinander. Wir können nicht mehr kontrollieren, was in uns selber vorgeht.

Das Bewusstsein, dass wir jederzeit in der Lage sind, unsere Gedanken zu steuern und unsere geistige Zufriedenheit zu nähren, ist nicht gegeben. Vielmehr betrachten wir die 60.000 herumstreifenden Kinder wie in einem Theater als Zuschauer in der ersten Reihe.
Wir kommen nicht einmal auf die Idee, aufzustehen, um die Regie zu übernehmen. Wenn wir dazu aber in der Lage wären, würden wir ein Stück schreiben, welches uns große Freude bereiten könnte.

Haben Sie es nicht auch schon mal erlebt, dass Sie, sofern Sie etwas Wichtiges vorbereiten wollten, sich einen Zettel und einen Schreiber genommen haben, um Ihr Vorgehen aufzuschreiben. Es war Ihnen wichtig, nichts zu vergessen. Jeder Schritt, um zu diesem Ziel zu kommen, wurde notiert.

In diesem Moment waren Sie hoch konzentriert und haben auf Ablenkung wahrscheinlich sogar ein wenig ärgerlich reagiert. Sie haben also aktiv begonnen, die Kontrolle über Ihre Gedanken zu übernehmen. Hierbei passiert etwas sehr Wichtiges.

Ihre Gedankenzüge werden zu einem starken Verbündeten auf dem Weg zu Ihrem Ziel. In dem

Moment der geistigen Konzentration auf ein Ziel richten Sie alle Gedanken darauf.
Jetzt erst werden Ihnen die besten Einfälle kommen. Ihnen werden Möglichkeiten in Erinnerung gerufen, an welche Sie vorher noch gar nicht gedacht hatten. Ungeahnte Lösungsbeispiele tun sich plötzlich auf.

Wir erinnern uns an die Schulzeit zurück. Wer sich nicht konzentrierte, hat selten gute Noten nach Hause gebracht. Die Gedanken waren überall unterwegs, nur nicht dort, wo sie eigentlich sein sollten.
Wenn wir die Gedanken nicht kontrollieren, gibt es zwei unterschiedliche Möglichkeiten, wie unser Geist damit umgeht.

Die erste Möglichkeit wäre, dass unsere Gedanken ohne Anhaftung an Situationen der Außenwelt scheinbar vorbeiziehen. In einem ungeübten Geist läuft das tagein, tagaus so ab. Der ungeübte Geist verliert einen Großteil der Gedanken an die Gewohnheitsenergie. Diesen Zustand kann man mit der Begrifflichkeit „Lethargie" vergleichen.

Die zweite Möglichkeit wäre, dass unsere Gedanken unkontrolliert versuchen, alles, was wir in den letzten Tagen, Wochen oder Monaten erlebt haben, auf einmal zu verarbeiten. Vorgänge, welche zum jetzigen Zeitpunkt keine Relevanz mehr haben, werden uns nochmals vor Augen geführt.

- War das alles richtig, was wir entschieden haben?
- Hätten wir anders entscheiden sollen?
- Sollte ich noch irgendwie handeln?
- Sollte ich es bei dem belassen?
- Wann soll ich das nur alles schaffen?

„Kopfvoll" ist wohl das richtige Wort für diese Situation.

Die Folge ist, dass viele Menschen abends beim Einschlafen nicht zur Ruhe kommen. Das wirre Gedankenspiel im Kopf kommt in der körperlichen Entspannungsphase voll zum Tragen und wird nun noch schlimmer.
Diesem Spiel sind wir nicht gewachsen. Viele stehen wieder auf, gehen in der Wohnung herum, trinken einen Tee oder telefonieren noch einmal mit der besten Freundin.

Letztendlich führt dieses aktive Handeln aber auch zum Ziel. Bis zum Aufstehen waren wir den wirren Gedankenspielen erlegen. Jetzt beginnen wir zu steuern, uns zu konzentrieren. Entweder auf das Telefonat, den Tee oder sonst etwas.
Hierdurch holen wir unsere wirren Gedanken quasi zurück in die Kontrolle. Das aktive Herumschwirren der Gedanken wird unterbunden.
Wir tauschen also die vorhandene wirre Gedankenstruktur gegen eine neue, von uns kontrollierte und somit ruhigere Gedankenstruktur aus. Wir kommen zur Ruhe.

Die drei Bewusstseinsebenen

Gemäß der Lehre Buddhas verfügen wir über verschiedene Bewusstseinsebenen. In diesem Buch konzentrieren wir uns auf die drei Hauptebenen.

- Sinnesebene
- Geistebene
- Speicherebene

Anhand dieser drei Ebenen kann das menschliche Wahrnehmungsvermögen erläutert und damit auch besser nachvollzogen werden.

<u>Sinnesebene</u>

Die Sinnesebene ist die geistige Ebene, mit welcher die jeweiligen Informationen, welchen wir tagtäglich ausgesetzt sind, empfangen werden. Der Erstkontakt quasi zwischen der Information und uns als Mensch. Wir nehmen die Informationen wie folgt auf:

- Über die Augen nehmen wir Sichtkontakt auf.
- Über die Haut spüren wir Empfindungen wie Wärme oder Kälte, feste oder weiche Berührungen.
- Über die Nase nehmen wir Gerüche auf.
- Über die Ohren Geräusche.

- Über den Mund nehmen wir Geschmacksrichtungen auf.

Geistebene

Die Geistebene kann auch als Konzentrationsebene tituliert werden. Diese Ebene ist immer dann aktiv, wenn wir uns bewusst konzentrieren. Schüler und Studenten nutzen diese Ebene am häufigsten, da die neu zu erlernenden Inhalte eine hohe Konzentration erfordern.

Beim Nutzen dieser Ebene schalten wir bewusst die Speicherebene aus. Jetzt sind wir in der Lage, die Dinge vorurteilsfrei zu bewerten. Wir sehen die vermeintliche Realität. Meditationen werden grundsätzlich in der Geistebene abgehalten, um so die erweiterte Sicht auf die Dinge zu erhalten. Wenn eine Meditation auf dieser Ebene durchgeführt wird, kann sich das, je nach Übung, auch in Form körperlicher Erschöpfung zeigen.

In vielen buddhistischen Büchern steht geschrieben, dass Buddha in der Meditation vor seiner Erleuchtung die Schleier der Verblendungen durch die reine Erkenntnis der Dinge nach und nach beiseiteschob. Diese Ebene ist also von besonderer Bedeutung, da wir nur hier die „vermeintliche Realität" der Dinge erkennen.

Speicherebene

Die Speicherebene ist die Grundlage aller Ebenen. Obwohl die Notwendigkeit jeder einzelnen Ebene unumstritten ist, gilt doch die Speicherebene als die Hauptebene. Diese Ebene ist der Kern, der Nährboden, die Mutter aller Ebenen.

Diese Ebene ist permanent aktiv. Jegliches Tun und Handeln, unser Denken und unsere Emotionen, Gefühle und Ansichten werden hier wie auf einer Computerfestplatte gespeichert und bei Bedarf abgerufen. Der Unterschied zu einem Computer mit seiner Festplatte ist allerdings die Kontrolle.
Bei einem Computer bestimmen wir, wann wir Informationen abrufen. Wir sind aktiv.

Bei der Speicherebene ist das anders. Diese Ebene versorgt uns jederzeit mit Informationen und führt uns auf deren Grundlagen durch unser Leben. Dieses geschieht ohne unser weiteres Zutun.

Wir sind passiv. All unser Wissen, all unsere Ansichten werden hier abgelegt. Sollte etwas im Speicher fehlen, wird es beim ersten Tun auf der Grundlage unseres bisherigen Wissens abgewogen, entschieden und anschließend im Speicher hinterlegt. Nun könnten wir davon ausgehen, dass wir für alle folgenden

Entscheidungen gut gerüstet wären. Dieses ist aber nicht so.

Die Speicherebene ist voll mit Erfahrungen, welche wir in der Vergangenheit gemacht haben, bzw. füllt sich täglich mit Erfahrungen, welche wir in der Gegenwart machen.
Für alle folgenden Entscheidungen sind wir somit nicht mehr vorurteilsfrei. Das bedeutet, dass wir für alle noch kommenden Erlebnisse bereits die passende Antwort, die passende ähnliche Erfahrung aus dem Speicher unbewusst abrufen.

Somit sind wir im Hinblick auf neue Gegebenheiten nicht mehr in der Lage, objektiv und frei von Vorurteilen und Erfahrungen bewerten zu können. Unser Geist schafft sich ein Abbild einer ähnlichen vergangenen Situation.
Wenn wir uns als Beispiel für einen Partner entscheiden, dann erfüllt dieser bereits Grundsätzlichkeiten, welche wir in der Vergangenheit als Muss festgelegt haben.

Das kann die Figur, der Intellekt, die Haarfarbe, die Körpergröße oder schlichtweg das Lächeln sein. Wenn dieser Mensch nun vor uns steht, ruft die Speicherebene die bekannten gewünschten Grundsätzlichkeiten ab und bestätigt uns unser Gegenüber als Traumpartner auf Grundlage dieser Informationen. Der reale Mensch vor uns wird nicht bewertet.

Wir verlieben uns in unsere eigene Vorstellung.

Im Buddhismus wird die Speicherebene auch als das Meer bezeichnet.
Die Sinnesebene sowie die Geistebene werden als Wellen bezeichnet, welche sich innerhalb des Meeres auftun und emporsteigen, um später wieder als Wellen im Meer zu versinken.

Das Zusammenspiel der Ebenen

Im Laufe eines Tages gibt es viele Situationen, in denen unsere Bewusstseinsebenen zusammenarbeiten. Wenn wir uns morgens mit dem Fahrrad auf den Weg zur Arbeit machen, setzen wir uns einfach auf das Rad und fahren los. Hier arbeiten die Sinnesebene und die Speicherebene zusammen.

Die Sinnesebene insofern, als dass wir mit unseren Händen (unserer Haut) den Lenker berühren und mit unseren Füßen in die Pedale treten. Mit den Augen schauen wir in die jeweilige Richtung.

Die Speicherebene insofern, als dass wir den Weg, welchen wir zurücklegen wollen, bereits in der Speicherebene hinterlegt haben. Somit müssen wir während der Fahrt nicht auf der

geistigen Ebene nachdenken, wo wir langfahren müssen, um zum Ziel zu gelangen.
Das Ziel ist uns aus der Vergangenheit (abgelegt in der Speicherebene) bereits bekannt.

Sollte aus einem Vorgarten ein Ball vor unser Rad rollen und ein Kleinkind kommt hinterhergelaufen, so realisiert das unsere Speicherebene und veranlasst uns, über die Sinnesebene eine Vollbremsung auszuführen. Unsere Füße stoppen über die Pedale sofort das Rad. Dieser gesamte Ablauf erfolgt ohne Aktivität der Geistebene.
Das zweite, immer wieder gern genommene Beispiel ist der Besuch in der Sauna.

Über die Sinnesebene nehmen wir die Wärme wahr. Die Wärme gelangt als elektrischer Impuls zu unserer Speicherebene und wird dort, im Rahmen der gespeicherten Erfahrungen, als normal akzeptiert. Die Speicherebene bleibt also in einem ruhigen Fluss. Sollte die Sinnesebene eine sehr starke Wärme wahrnehmen, so gelangen auch diese Impulse zur Speicherebene, welche dann aus den gespeicherten Daten die Möglichkeit des Verlassens der Sauna in Erwägung zieht.
Auch dieser Ablauf erfolgt ohne Aktivität der Geistebene.

Diese Beispiele zeigen auf, wie stark wir durch unsere Speicherebene gesteuert werden. Unsere Speicherebene hat in der Vergangenheit auch

Dinge aufgenommen, welche wir heute als wenig sinnvoll oder notwendig erachten.
Sind wir zum Beispiel sehr liebevoll aufgezogen worden, so ist dieses eine Erfahrung, welche sich sehr tief in unsere Speicherebene gepflanzt hat.

Diese Erfahrung kann dazu führen, dass wir es als erwachsener Mensch schwerer haben, uns von den Eltern zu lösen, um ein eigenständiges Leben zu führen. Nicht das Leben an sich ist jetzt das Problem, sondern vielmehr die Neuformatierung der Speicherebene.
Obwohl wir auf der Geistebene eigentlich wissen, was richtig und was falsch ist, tun wir uns sehr schwer, dieses auch zu verinnerlichen und umzusetzen.
Hat ein Mensch in seiner Kindheit und Jugend sehr wenig Liebe durch die Eltern erfahren, wird er als Vater oder Mutter später vielleicht selbst Schwierigkeiten haben, seine Liebe an das eigene Kind weiterzugeben.
Der Geistebene ist das bewusst, der Speicherebene liegen andere Informationen vor. Dieser Widerspruch kann zu Ängsten und Depressionen führen, da wir auf der einen Seite wissen, dass wir uns falsch verhalten, und auf der anderen Seite große Probleme haben, dieses umzusetzen.

Die Speicherebene nimmt permanent neue Informationen auf und speichert diese ab, um sie später als eigene Eigenschaft wieder einzusetzen. Aus diesem Grunde ist es notwendig, uns so früh wie möglich in ein Umfeld zu begeben, wo wir mit guten Eigenschaften umgeben sind.

Liebe, Mitgefühl und Sicherheit sind Eigenschaften, welche wir nicht früh genug erlernen können. Auf diese Weise lernen wir auch, uns unsere eigenen Fehler besser verzeihen zu können.

Wieso sehen wir dasselbe und dennoch nicht das Gleiche!

Über die Sinnesebene nehmen wir 200.000.000 Empfindungen pro Sekunde in unsere Speicherebene auf. Die Geistebene ist allerdings nur in der Lage, eine Empfindung pro Sekunde über den Verstand wahrzunehmen und zu verarbeiten.
Hier erklärt sich auch der Unterschied von Ansichten und Meinungen. Als gutes Beispiel kann hier die Betrachtung eines Bildes von 2 Personen dienen.

Wenn sich beide das Bild ca. 5 Sekunden lang ansehen, verfügen sie über jeweils ca. 5 vom Verstand wahrgenommene Empfindungen.

Bei einer Informationsflut von ca. 200.000.000 Empfindungen pro Sekunde können beide nicht dieselben Gedanken bei der Betrachtung des Bildes haben. Je nach Inhalt der Speicherebene kommt es bei diesem einen Bild logischerweise zu unterschiedlichen Wahrnehmungen.

Die intensive Kraft der Speicherebene führt noch dazu, dass die eigene Meinung, welche sich bei der Betrachtung des Bildes ergeben hat, als die vermeintlich richtige angesehen wird.

Diskussionspotenzial ist gegeben. Wenn wir nun von großen komplexen Entscheidungen ausgehen, wird die Tragweite der Sinnesebene in Verbindung mit der Speicherebene deutlich.

Wer hat hier die Kontrolle

Von Geburt an haben wir es mit einem gewissen Zwang der Kontrolle zu tun. Als Kind und Teenager hatten wir das Gefühl, nur wenig eigenständige Entscheidungen treffen zu können. Als wir aber älter wurden, mussten wir uns immer häufiger und umfangreicher erklären. Immer mehr Entscheidungen wurden uns abverlangt.

- Was hast du später mal vor?
- Willst du studieren?
- Wie willst du dein Geld verdienen?
- Möchtest du heiraten?
- Möchtest du Kinder haben?

Unser Leben hatte und hat permanent mit Entscheidungen zu tun. Diese Entscheidungen werden von unserem Umfeld gefordert. Wer ein klares Ziel vor Augen hat, wirkt auf die Außenwelt, ohne bisher etwas Besonderes erreicht zu haben, dynamischer als jemand, der seine Ziele noch nicht offenkundig definiert hat.

Der eine scheint sein Leben unter Kontrolle zu haben, der andere wohl nicht!
Ein weit verbreiteter Irrglaube, welcher aus unserer Leistungsgesellschaft heraus gewachsen ist.

Warum aber brauchen wir diese scheinbare Kontrolle?

Halten wir uns ohne diese Kontrolle für weniger

- erfolgreich
- sicher
- gut
- geliebt
- wichtig
- angesehen?

Können wir erst stolz auf uns sein, wenn wir ein uns gestecktes Ziel erreicht haben?
Ja, denn so wurden wir größtenteils erzogen!
Kontrolliere dein Tun und erreiche dein Ziel mit viel Fleiß und Ausdauer!

Was aber nun?
Sind wir erst jetzt etwas wert?
Nein, natürlich nicht!
Denn wir hatten niemals die Kontrolle!

Kontrolle hätten wir nur,

- wenn wir die Zukunft beeinflussen könnten
- und wir auch alle Faktoren, welche zur Zielerreichung notwendig sind, kontrollieren könnten.

Keinen der beiden Punkte können und konnten wir jemals kontrollieren.
Die Zukunft hält immer Überraschungen für uns bereit. Niemand kann wirklich im Vorhinein wissen, was morgen, übermorgen oder in einem Monat passiert, und das ist auch gut so!

Wie oft haben wir schon den Spruch gehört:

„Wenn ich das mal vorher gewusst hätte, dann ...!"

Kontrolle ist eine Illusion.
Eine gewünschte Sicherheit.
Ein ruhegebender Pol.

Haben wir die Kontrolle, wissen wir, was zu tun ist. Das glauben wir zumindest! Aber wer weiß schon genau im Vorhinein, welche Auswirkungen sein Tun zur Folge haben wird?
Die wenigsten Vorhaben treten genauso ein, wie wir es vorher geplant hatten. Im Internet habe ich einmal einen Spruch gelesen, welcher mit diesem Thema zu tun hat, äußerst amüsant ist und zugleich zum Nachdenken anregt.

Willst du Gott zum Lachen bringen, erzähl ihm von deinen Plänen.

Als ich anfing, dieses Buch zu schreiben, wollte ich in einem Jahr fertig sein. Es sind in der Zwischenzeit aber so viele Dinge in meinem Leben passiert, dass ich nun bereits im dritten Jahr daran schreibe. Bin ich nun gescheitert? Nein, ich hatte mir etwas vorgenommen, was ich zu keiner Zeit hatte kontrollieren können. Die Zeit hat ihre eigenen Regeln.

Abgesehen davon, dass es uns nicht möglich ist, in die Zukunft zu schauen, sind wir als gewollt kontrollgebendes Organ aber auch von anderen Dingen abhängig. Wie bereits beschrieben müssten wir in der Lage sein, auch die Dinge, welche zur Zielerreichung notwendig sind, kontrollieren zu können.

Nehmen wir ein einfaches Beispiel aus dem Täglichen: Wir steigen morgens in unser Auto und möchten damit zur Arbeit fahren.
Unsere Entscheidung, mit dem Auto zur Arbeit zu fahren, ist für die Zielerreichung nicht ausreichend. Wir sind abhängig von vielen verschiedenen Faktoren um unser Ziel herum.

- Geht die Garagentür auf?
- Ist der Wagen überhaupt noch da?
- Springt unser Wagen an?
- Ist genügend Benzin im Tank?
- Reifen defekt?
- usw.

Hier könnten Dutzende Beispiele stehen, welche zutreffen müssten, selbst wenn wir an alle möglichen Eventualitäten gedacht hätten. Wir können uns vieles vornehmen. Die Kontrolle aber, dieses auch zu erreichen, haben wir niemals.
Denken Sie mal nach, ob Sie heute genau da stehen, wo Sie immer hin wollten.

- Ist Ihr Beruf der Wunschberuf von damals?
- Sieht Ihr Partner genauso aus wie Ihre damalige Vorstellung?
- Haben Sie heute so viele Kinder, wie Sie sich immer gewünscht hatten?
- Leben Sie heute dort, wo Sie immer leben wollten?

oder im Großen und Ganzen

- Hatte die Bundesregierung vor Fukushima bereits die Absicht, auf Atomstrom zu verzichten?
- Wären Kriege geführt worden, wenn man gewusst hätte, wie sie ausgehen?

Die meisten Menschen stehen heute nicht dort, wo sie ursprünglich mal hin wollten. Viele haben dafür Ziele erreicht, welche sie nie erreichen wollten. Etwas, was niemals geplant war, war nun eingetreten.
Dennoch versuchen wir krampfhaft weiter unser Umfeld bzw. unser Leben zu kontrollieren. Der Wunsch nach Kontrolle ist bereits das Ergebnis eines Lebens am Limit.

Die Kontrolle gibt uns eine illusorische Ruhe, um den Stürmen unserer Gesellschaft standzuhalten.

Natürlich gibt es Dinge, welche wir im Auge behalten sollten, keine Frage. Aber alles andere sollten wir loslassen. Es funktioniert! Erst dann beginnen wir auch im Hier und Jetzt zu leben.

Master Han Shan schrieb ein für mich sehr wichtiges Buch: „Wer loslässt, hat zwei Hände frei." Hier erzählt er seinen Weg vom Millionär zum Bettelmönch. Dieses Buch rückte auch mein Wertesystem ein wenig zurecht.

Was ist wichtig und was nicht?

__Wichtig ist die Zeit, welche uns verbleibt.__

__Lasst sie uns nutzen, intensiv im Hier und Jetzt und nicht in Plänen und festgezurrten Zukunftswünschen.__

Kapitel 3
Die erweiterte Sichtweise

Die erweiterte Sichtweise verdeutlicht, welche Möglichkeiten wir haben, uns jederzeit verändern zu können. Es zeigt das Grundgerüst eines Menschen in Bezug auf das Zusammenspiel des Gehirns, des Verstands und der geistigen Ebene.
Um uns verändern zu können, müssen wir wissen, wie sich unsere Vorlieben, positive sowie negative Eigenschaften, ablehnende oder befürwortende Haltungen ergeben.

Wenn wir verstanden haben, dass wir nicht unveränderbar, fest justiert sind, sondern jederzeit Einfluss auf alle unsere Verhaltensweisen nehmen können, können wir beginnen, dieses Grundgerüst zu verändern.

Wie sieht also unser vorhandenes Grundgerüst aus?
Wir unterteilen dieses Grundgerüst in Gehirn, Verstand und die geistige Ebene. Wie bereits am Anfang dieses Buches mit dem Stein in der Badewanne erläutert, sind unser Gehirn sowie unser Verstand ursprünglich frei jeglicher Erfahrungswerte.

Das Gehirn nimmt alle Erfahrungen, alle Gefühle, alles, was um uns herum als Person passiert, über unsere Sinne wahr und speichert diese. Der Verstand macht sich das Wissen zunutze und greift es bei erforderlichen Situationen aus dem Speicher des Gehirns ab.

So weit, so gut. Je mehr Erfahrungen das Gehirn gespeichert hat, desto mehr Informationen haben wir von Dritten oder auch durch eigene Erfahrungen erhalten. Diese nehmen wir als gegeben hin und halten sie erstmal für richtig, z. B. politische Ansichten oder bestimmte eingefahrene Tagesabläufe. Das ist so „normal"!!!

Warum ist das Wissen über die erweiterte Sichtweise überhaupt wichtig?
Wo können wir was verändern und inwiefern hilft uns das weiter?
Wenn wir alleine auf einer Insel leben würden, wäre das Wissen um die erweiterte Sichtweise sicherlich interessant, aber nicht notwendig.

Interessant wird dieses Thema erst in der zwischenmenschlichen Kommunikation. Kommunikation ist heute wichtiger denn je.
Kommunikation entscheidet über Schulbildung, beruflichen Auf- oder Abstieg, geistige Freiheit oder das Festsitzen in alten Klischees. Wenn wir die Möglichkeit haben, uns in einen anderen Menschen hineinzuversetzen, seine Gedankenwelt zu erkennen, können wir mit wenig Worten Großes bewirken.
Wir erkennen seine Denkweise und haben dadurch die Möglichkeit, den Menschen Dinge so zu erläutern, dass diese damit umgehen können: Beistand zu leisten, Mut aufzubauen, Sicherheit zu geben, Freude zu bereiten usw.

Nirgendwo anders kommt es so häufig zu Missverständnissen wie in der zwischenmenschlichen Kommunikation. Diese Missverständnisse entstehen, wenn wir an starren Gerüsten unserer Denkweise festhalten.

Je nachdem wie alt wir sind und in welchem Umfeld wir leben, haben wir eine gewisse Menge an Prägungen erhalten. Diese Prägungen sorgen für eine Urteilsbildung unserem Umfeld gegenüber, lange bevor wir uns aufgrund tatsächlicher Gegebenheiten ein Urteil bilden konnten.

Die Menge und Art der Prägungen sowie unser Bewusstsein darüber entscheidet bei der zwischenmenschlichen Kommunikation über ein positives oder negatives Außenbild.

Die Kleidung:

Die Dame Nummer 1, nennen wir sie mal Luise, hat grundsätzlich gerne Kleider getragen. Dieses liegt unter anderem daran, dass ihre Eltern ihr Kleider bereits von jeher als etwas sehr Positives dargelegt haben. Dadurch dass ihre Eltern auch nie übertrieben haben, hat Luise auch keine Abwehrhaltung Kleidern gegenüber entwickelt. Kleider gehörten also von jeher zu ihrem Leben. Aus diesem Grunde empfindet sie auch heute noch Kleider als etwas sehr Positives.

Die Dame Nummer 2, nennen wir sie mal Jeanette, hat grundsätzlich gerne Leggins getragen. Genau wie Luise hat sie somit ihrer Kleidung gegenüber eine positive Prägung erhalten.

Wenn nun beide miteinander anfangen zu diskutieren, welche Art von Kleidung besser ist, werden Luise und Jeanette auf keinen gemeinsamen Nenner kommen. Die eine wird ihre Leggins vertreten und die andere wird ihre Kleider vertreten.
Wie wir alle sicherlich bereits miterlebt haben, können kleine Diskussionen, ursächlich über unwichtige Dinge begonnen, zu großen Streitigkeiten führen.

Wenn den Personen bewusst wäre, dass niemand diskutiert, um den anderen zu verletzen, sondern fast ausschließlich um seine Meinung im Sinne seiner Prägung zu vertreten, würden viele Diskussionen ganz anders verlaufen.

Wenn wir unser Leben lang in eine Richtung erzogen worden sind und nun jemanden treffen, der wiederum sein Leben lang in eine ganz andere Richtung erzogen wurde, wie viel Zeit müssten wir aufwenden, um den jeweils anderen zu überzeugen?

Das Beispiel von Luise und Jeanette ist bewusst einfach gehalten. Wenn wir uns aber bewusst machen, mit wie vielen Gerüsten wir es im Laufe unseres Lebens zu tun haben, können wir nachvollziehen, wie schnell es in der zwischenmenschlichen Kommunikation zu Missverständnissen und unnötigen Streitereien kommen kann.

Einige Gerüstbeispiele:

- Wärme-Kälte-Empfinden
- Farbempfinden
- Körperpflege
- Ordnung halten
- anerzogene Ängste
- optische Vorlieben in Bezug auf Menschen/Gebäude/Pflanzen
- menschlicher Umgang/nett/höflich/weich/streng/ruppig
- Interesse oder Desinteresse an Mitmenschen
- sexuelle Vorlieben
- gesprächig
- herablassend/stolz/unnahbar
- aufopfernd/liebevoll/fürsorglich
- usw.

Wenn wir uns all dieser anerzogenen Gerüste bewusst werden, wird es uns in Zukunft einfacher fallen, mit Personen, welche eine andere Meinung vertreten, umzugehen. Wir stehen ihnen offener gegenüber und verschließen uns nicht sofort, wenn eine ihrer Aussagen nicht sofort in unser Bild passt.

Im Gegenteil, wir versuchen uns sogar dafür zu interessieren, was zu dieser Aussage ursächlich geführt hat. Wir stempeln diese nicht gleich als falsch ab, sondern sind eher bereit, uns möglicherweise sogar überzeugen zu lassen.

Achtsamkeit

Ende 2010 lebten ca. 720 Millionen Menschen in Westeuropa. Deren Ziel ist es, ein geregeltes, unabhängiges Leben zu führen. Wir stehen morgens früh auf und fahren auf überfüllten Strassen oder vollen Zügen und Bahnen zur Arbeit.
Einige Menschen nehmen ihre Arbeit nur noch als Last war, um den erreichten Lebensstandard zu erhalten. Diese Menschen funktionieren über viele Stunden am Tag nur noch.

Eine andere Gruppe von Menschen geht gern zur Arbeit. Diese Arbeitnehmer identifizieren sich sehr stark mit dem Arbeitgeber. Wenn es für den Erfolg der Firma oder für die eigene Karriere vorteilhaft ist, sind Arbeitswochen von bis zu 60-70 Stunden keine Seltenheit.
Die ganze Kraft wird in die Zielerreichung gesetzt.

Die dritte Gruppe lebt ihr Leben so, wie es geistig und körperlich am gesündesten ist. Sie sind zufrieden mit dem Erreichten und leben das auch nach außen hin. Ihre positive Ausstrahlung wirkt auch auf die Mitmenschen beruhigend und zeigt auf, dass Glück nicht nur im Erreichen neuer, immer höher gesteckter Ziele zu finden ist.

In den ersten beiden Fällen gehen wir mit unserem Körper und Geist wenig bedacht und wenig behutsam um. Körperlich sind wir angespannt und neigen folglich verstärkt zu Krankheiten. Geistig sind wir unausgeglichen und dadurch wenig nachsichtig mit uns und unseren Mitmenschen.

Im Vergleich zum asiatischen Bereich haben wir Europäer ein sehr nachlässiges Verhältnis zu uns selbst.

Wir nehmen unwichtige Dinge sehr wichtig und wirklich wichtige Dinge nehmen wir kaum wahr.

In Europa sind wir sehr auf unser Äußeres bedacht, wobei der Asiate sein körperliches und geistiges Wohl an erster Stelle sieht. Die Ruhe und die Entspannung, welche der asiatische Bereich ausstrahlt, wird zunehmend auch für Europa interessanter. Wir erkennen langsam, dass unser Lebensstil uns auf Dauer als Mensch nicht guttut.

Eine Gesellschaft, welche ausschließlich auf immer höher gesteckte Ziele setzt, steht irgendwann vor dem Kollaps. Das haben viele bereits bemerkt und fragen sich, ob es nicht auch anders geht.

Zu behaupten, es ginge nur asiatisch bzw. buddhistisch, wäre natürlich überzogen und falsch. Wir haben auch nicht die Möglichkeit, unser

komplettes Umfeld neu auszurichten und mit neuen Werten zu konfrontieren.
Das ist aber auch nicht notwendig. Es ist aber möglich, sich das eine oder andere an einer ca. 2.500 Jahre alten Kultur abzuschauen, um herauszufinden, ob jeder Einzelne von uns daraus für sich und sein Leben einen Nutzen ziehen kann.
Eines ist aber unumgänglich, um eine Änderung in unserem Denk-System zu bewirken.

Die Zufriedenheit eines Menschen kommt von innen und wird nicht durch das Umfeld bestimmt.

Die Kraft der Achtsamkeit hilft uns in erheblichem Maße, unser Leben zu entschleunigen und dadurch Freiräume zu schaffen, welche wir vorher so nicht gekannt hatten.

*Achtsamkeit,
die Konzentration im Hier und Jetzt zu leben,
ist der Schlüssel zu einem bewussten Leben.*

Wenn wir es schaffen könnten, unsere täglichen Abläufe bewusster wahrzunehmen, könnten wir eine geistige Grundzufriedenheit schaffen, obwohl sich im Äußeren nichts verändern würde.

Die Achtsamkeit ist ein zentrales Thema, nicht nur im Buddhismus.

In allen buddhistischen Lehrbüchern finden sich Informationen über die Achtsamkeit. Im Westen kennen wir den Begriff eher als Aufmerksamkeit, Konzentration oder zusammengefasst „geistige Kontrolle".

Im Zustand der Achtsamkeit erleben wir unser Dasein am intensivsten. Wir sind mit unseren Gedanken weder in der Vergangenheit noch in der Zukunft. Wir denken weder an das Vergangene noch an das Kommende. Wir sind ausschließlich im Hier und Jetzt.

Das bedeutet, dass wir unsere Umwelt nicht durch unsere Speicherebene, sondern ganz bewusst durch unsere Sinnesebene wahrnehmen. In der Sinnesebene nehmen wir die Zeit sehr viel intensiver war. Wir haben das Gefühl, die Zeit würde stehen oder nur ganz langsam verstreichen. Das ist der Jetzt-Zustand. Wir sind mit unserer ganzen Konzentration und Aufmerksamkeit im jetzigen Moment.

Wenn wir in der Lage wären, alle unsere Tätigkeiten in Achtsamkeit durchzuführen, wären wir effektiver und könnten auf äußere Einflüsse sinnvoller und bewusster reagieren.

Wir würden Stress und Hektik reduzieren und sind dadurch konzentrierter und leistungsfähiger, sei es

im Berufsleben oder im Umgang mit unseren Mitmenschen.
Achtsames Ausführen von Tätigkeiten ist ein Garant für ein effektives Ergebnis.

Unachtsames Ausführen von Tätigkeiten garantiert mehr Fehler, Stress, Hektik, Infarktrisiko für Herz und Hirn, Unzufriedenheit und schlechte Laune. Diese Situation schlägt sich wiederum auf unser Umfeld nieder. Wir tragen es in unsere Familien und in unseren Freundeskreis.

Ohne Achtsamkeit überqueren wir die Strasse des Lebens,
ohne die schönen lebenswerten Dinge rechts und links je wirklich gesehen zu haben.

Unser Körper

Wenn wir uns bewusst machen, wie viel unser Körper leisten muss, ist es erstaunlich, wie wenig Aufmerksamkeit wir unserem Körper in der Regel zukommen lassen. In unserer schnelllebigen Zeit haben es viele Menschen verlernt, auf die Signale des eigenen Körpers zu achten.

Ist es Ihnen nicht auch schon passiert, dass Sie während Ihrer beruflichen Tätigkeit Hunger oder Durst oder auch einfach nur Rückenschmerzen bekamen und anstatt darauf zu reagieren, haben Sie Ihre beruflichen Tätigkeit vorangestellt! Hier noch eine Mail beantwortet. Dann ein wichtiger Anruf und das nächste Meeting steht auch schon auf dem Kalender.

Während des Meetings haben Sie dann schon keinen Hunger mehr. Sie sind mittlerweile über den Zeitpunkt hinweg. In Bezug auf die Rückenschmerzen setzen Sie sich lediglich in eine andere Position, aber so, dass es niemand mitbekommt.

Was aber bedeutet das?
War es nur eine körperliche Irritation, als Sie vorhin Hunger verspürten? Langeweile kann es nicht gewesen sein! Nein, es war auch keine körperliche Irritation! Ihr Körper hatte Ihnen mitteilen wollen, dass er etwas zu essen benötigt. Und Sie haben das schlichtweg ignoriert, als wenn

Ihr Körper nur ein Besucher war, welchen Sie nicht empfangen wollten.

Das Problem, welches grundsätzlich zu solchem Verhalten führt, ist das Vergessen.
Viele Menschen vergessen aus falschem Pflichtgefühl heraus ihren Körper in einer Regelmäßigkeit, welche nicht zu überbieten ist.
Sei es bei der gesunden Ernährung, sportlichen Aktivitäten, ausreichender Ruhe usw. Wenn sich diese Worte jetzt wie Luxus für Sie anhören, können Sie mit Gewissheit davon ausgehen, dass Sie zu der Zielgruppe gehören, welche ich mit diesem Thema ansprechen möchte.

Es mag sich immer wieder wie ein alter Hut anhören, aber der Kopf, die Leistungsfähigkeit, die Handlungen, welche Sie ausführen, all das ist ohne Ihren Körper nicht möglich! Rücken Sie diese Bewusstheit mehr in Ihr Zentrum.
Geht es Ihrem Körper nicht gut, wird er es Ihnen sagen. Nur müssen Sie lernen zuzuhören. Die kleinen Signale wahrzunehmen. Betrachten Sie sich als Team.

Sollten Sie die kleinen Hinweise nicht ernst nehmen, wird der Körper es Ihnen später anders mitteilen. Wenn Sie auch diese Hinweise nicht annehmen, wird Ihr Körper Sie irgendwann komplett außer Gefecht setzen.
Warum tut er das? Um sich selbst zu schützen!

Um in Zukunft wieder fähig zu sein, sinnvolle Entscheidungen zu treffen, Verantwortung zu tragen, Dinge zu bewegen. Dafür braucht er jetzt eine Auszeit und die nimmt er sich, ohne einen weiteren Hinweis an Sie. Wie lange und wie schwerwiegend diese Auszeit ist, hängt davon ab, wie Sie im Vorfeld mit Ihrem Körper umgegangen sind. Spätestens jetzt haben wir Zeit, über gewisse Dinge nachzudenken.

Wenn wir merken, dass wir plötzlich nicht mehr so können, wie wir wollen. Wir wollen etwas erreichen, kommen aber nicht dort an. Wir versuchen, aber wir scheitern. Wir schaffen es nicht einmal mehr, einen Ablauf-Plan für uns zu erstellen.
Der Körper fordert all Ihre Kraft und Aufmerksamkeit. So wie der Körper Ihnen ausgeliefert war, so sind Sie nun Ihrem Körper ausgeliefert. Der Unterschied ist nur, dass sein Handeln zu Ihrem Besten ist und Ihr Handeln vorher ausschließlich äußere Ziele verfolgte.
In der jetzigen Situation zeigt Ihr Körper Ihnen, wer im Team der Stärkere ist. Vergessen Sie das nicht. Sollte sich der Druck von außen wieder einmal erhöhen, halten Sie zusammen.

Es wird immer mal Entscheidungen geben, wo ein Teil des Teams benachteiligt wird, aber wenn Sie alle Entscheidungen nun in dem Bewusstsein treffen, ein Teamplayer zu sein, werden Sie auf lange Sicht gute Entscheidungen für sich und Ihre Mitmenschen treffen können.

Die eigene Zufriedenheit kultivieren

Wann ist der Mensch zufrieden?
Eine simple Frage, und doch ist sie so schwer zu beantworten.
Der Buddhist wird sagen: Zufriedenheit haben wir erreicht, sofern wir Glück empfinden. Glück ist das zu erreichende Gut. Glück ist es, was alle Menschen durch ihr tägliches Tun und Handeln versuchen zu erreichen. Warum würden wir unser tägliches Tun und Handeln sonst so durchführen?

Es gibt immer Handlungen, welche wir durchführen, auch wenn sie uns nicht gefallen. Eben aus einem gewissen Muss heraus!
Mit Glück oder Zufriedenheit würden wir viele Dinge, die wir täglich tun, erst einmal nicht in Verbindung bringen.
Aber aus welchem Grund führen wir diese Handlungen dennoch aus?

- Um die Familie zu ernähren?
- Um das zu erhalten, was wir haben?
- Weil wir Angst vor Veränderungen haben?
- Oder aus diversen anderen Gründen

Letztlich sind die oben genannten Punkte Resultate, aus denen wir unsere Sicherheit ziehen.
Dieses ist der Zustand, welchen wir erhalten wollen, sofern wir zufrieden sind, bzw. ändern wollen, sofern wir unzufrieden sind.

Mit der Zufriedenheit ist das so eine Sache. Zufrieden sind die Menschen immer nur von kurzer Dauer. In unserer schnelllebigen Zeit ist das aber auch kein Wunder.

An jeder Ecke versucht man uns neue, bessere, aktuellere Dinge zu verkaufen. Heute gekauft und morgen veraltet. Wie soll man da noch lernen, Dinge wertzuschätzen? Sich an dem zu erfreuen, was man hat, ohne nach etwas Neuem zu suchen? Die menschliche Grundzufriedenheit ist ein sehr hohes Gut, welches der Wirtschaft und ihrem Absatzzwang natürlich entgegensteht.

Eine alte buddhistische Geschichte macht deutlich, dass Zufriedenheit nur im eigenen Geist zu finden ist und nicht in der Außenwelt.

Zur Zeit Buddhas lebte ein armer Mann mit seiner Frau, drei Kindern, zwei Schafen, drei Hühnern, einer Kuh sowie zwei Hunden in einer ärmlichen Hütte. Jeden Abend kam der Mann von der schweren Feldarbeit zurück und fand in der kleinen Hütte weder einen gemütlichen Platz noch die Ruhe, welche er brauchte.
Er wurde immer nervöser und mochte bald gar nicht mehr nach Hause gehen.
Ein weiser Mann, welchen er um Hilfe bat, gab ihm schließlich zwei Kühe, welche er noch mit in sein Haus aufnehmen sollte. Er sagte ihm, er möge in einer Woche wiederkommen. Das tat er auch und fand noch weniger Ruhe. Nach einer

Woche sagte ihm der weise Mann, er möge noch weitere drei Schafe aufnehmen.

Nach einer weiteren Woche sollte er noch fünf Hühner aufnehmen. All das tat der Mann ohne Widerworte und war des Lebens bald überdrüssig und überlegte, dem ein Ende zu setzen.

Er ging zum weisen Mann und bat ihn, die Tiere wieder abgeben zu dürfen. Der weise Mann stimmte zu und nahm die zwei Kühe zurück. In den Wochen darauf sollte er auch jeweils die drei Schafe und zum Schluss noch die fünf Hühner wieder abgeben dürfen.
Von Woche zu Woche bemerkte der Mann die aufkommende Ruhe und den Platz, welcher sich durch die Abgabe der Tiere in seiner Hütte ergab. Eine deutliche Entspannung legte sich über sein Gemüt. Als alle aufgenommenen Tiere wieder fort waren, bemerkte er, dass sich eigentlich nichts in seiner Hütte geändert hatte.
Nur seine eigene Zufriedenheit mit dem, was schon immer da war, wurde ihm nun bewusst. Von nun an sah er seine Hütte anders und kam immer wieder gern nach Hause.

Diese traditionelle buddhistische Geschichte lässt sich auf so viele Gegebenheiten unseres heutigen Lebens projizieren. Es gibt so viele Dinge, die nicht wichtig sind, uns das Umfeld aber massiv suggeriert, dass wir sie unbedingt besitzen müssten.

Der äußere Zwang, dem Neuen hinterherzulaufen, lässt die guten Dinge, welche wir bereits besitzen, vergessen.

So laufen wir und laufen und laufen. Wir werden so aber niemals wirklich ankommen.

Die Suche nach permanenter Zufriedenheit in der Außenwelt ist wie das Erklimmenwollen eines Regenbogens. Wir sehen die schönen Farben und rennen darauf zu, werden das Ziel aber niemals erreichen.

Zufriedenheit ist auf Dauer nur in uns selbst zu finden.

Der Stadtprediger

Ich gehe gerne durch die Stadt und sehe mir die Menschen an, wie sie von einem Ort zum nächsten eilen. Pärchen, welche sich glücklich und verliebt an den Händen halten. Musiker, welche mit den seltsamsten Instrumenten musizieren.

Ich habe mich schon als kleiner Junge am liebsten auf eine Bank gesetzt und den Menschen stundenlang bei ihrem Treiben zugesehen. In der heutigen Zeit sehen wir noch eine weitere Gruppe von Menschen in manchen Fußgängerzonen. Ich nenne sie Stadtprediger.
Menschen, vornehmlich Männer, welche sich in einer mit Leben gefüllten Fußgängerzone aufstellen, um über Jesus Christus zu berichten.

Einige von ihnen tragen dabei große Kreuze vor sich her. Den Predigern geht es darum, die zuhörenden Menschen davon zu überzeugen, dem Weg Jesus Christus' zu folgen.
Ich wollte nur ein paar Besorgungen machen, als ich an einem warmen Sommertag in meiner Heimatstadt zufällig einem dieser Stadtprediger begegnete. Jeder, der hier vorbeiging, machte irgendwelche Bemerkungen oder sah abfällig zum Prediger herüber, um anschließend mit einem Fingerzeig zur Stirn weiterzugehen.

Dieses Verhalten der Passanten war mir schon früher häufig aufgefallen, aber damals hatte ich mir keine Gedanken darüber gemacht.

Heute aber, an diesem Sommertag hörte ich dem Prediger genauer zu und beobachtete das Verhalten der anderen Zuschauer sehr genau. Der Prediger wurde von fast allen vorübergehenden Passanten verhöhnt, nicht ernst genommen und zum Teil auch verbal beleidigt.

Der Mann erzählte voller Inbrunst. Er war scheinbar restlos überzeugt von dem, was er sagte. Ich verspürte eine gewisse Freude. Hier hat ein Mensch seinen Glauben gefunden und geht vollends darin auf. Er schien sichtlich glücklich, mit sich und Gott im Reinen zu sein. Eigentlich eine schöne Situation. Warum aber erkennt das kaum jemand?

Eine Situation neutral zu erleben, ohne dem Geschehen eine Wertung zu geben, ist nur ganz schwer möglich. Das bedeutet, die in sich gewachsenen möglichen Abneigungen zu ignorieren. Einfach ohne Wertung der gesprochenen Worte zu folgen. Verstehen zu wollen, warum da jemand steht, um von einem solchen Thema zu berichten.

Ich hörte fast eine Stunde zu und bemerkte immer wieder, wie mein Verstand mich zu drängen versuchte weiterzugehen, alles Blödsinn, vergeude keine Zeit. Immer wieder versuchte ich diese verstandsgesteuerten Befehle zu ignorieren, um als neutraler Beobachter, völlig frei jeglicher Voreingenommenheit, zurückzukehren.

Dieses Training ist für die eigene geistige Entwicklung sehr hilfreich. Es gibt so viele Situationen, in denen wir verstandsgesteuert von A nach B eilen, ohne den eigentlichen Weg genauer zu betrachten.
Wir leben zu wenig im Hier und Jetzt und zu viel in der Vergangenheit oder der Zukunft. Ziel eines solchen Trainings ist es, sich über den eigenen Verstand zu erheben und selber zu bestimmen und festzulegen, wann es Zeit ist, diesen Ort zu verlassen und nicht mehr weiter zuzuhören.

Die verstandsgesteuerte Abfolge des Tages kann hierdurch häufiger durchbrochen werden. In der Folge werden wir feststellen, dass unsere Achtsamkeit auf das Leben im Hier und Jetzt stetig steigt. Die logische Konsequenz dessen ist das intensivere Erleben jeder einzelnen Minute des Tages.

Wir sollten zuhören

Wir müssen lernen zuzuhören und stehen zu bleiben. Beides aber sind wir in der westlichen Welt nicht gewohnt. Hören wir nur zu, sind wir passiv, wir steuern nicht selber, sind also angreifbar oder müssen reagieren, obwohl es unser Ziel ist, zu agieren. Bleiben wir stehen, vergeuden wir Zeit. Wir schaffen nichts!

Das Zuhören und Stehenbleiben sollte sich nicht nur auf einen Stadtprediger beziehen, sondern vielmehr auf die Personen, mit denen wir es täglich zu tun haben. Wir haben in der heutigen Gesellschaftsform der Schnelllebigkeit nicht gelernt zur Ruhe zu kommen und somit auch nicht in Ruhe zuzuhören. Wenn Freunde, Arbeitskollegen oder Familienangehörige zu uns kommen und erzählen, wer kann dann bewusst gut zuhören?

Zuhören bedeutet, auf die Worte zu achten und den Zusammenhang zu erkennen. Dem Erzähler das Gefühl auch durch bestimmte Gesten zu geben, ich höre dir zu.

Sollte unser Gegenüber einmal eine Sprechpause machen, sollten wir nicht die Gelegenheit nutzen, um das Gespräch an uns zu ziehen, sondern sollten ebenfalls abwarten und ihm wieder durch Gesten zeigen, ich habe Zeit, ich höre dir zu.

Sollte unser Gegenüber nach Worten suchen, lassen wir ihn suchen und ergänzen nicht, obwohl wir das Wort vielleicht schon auf der Zunge liegen haben.

Es ist nicht immer einfach, aber ein guter Zuhörer ist so in der Lage, auch eine für den Erzähler schwere Situation nur durch richtiges Zuhören sehr zu erleichtern. Nirgendwo anders ist es möglich, mit so wenig Aufwand so viel zu erreichen. Wenn der Erzählende das Gefühl hat, alles gesagt zu haben, kann das sehr erleichternd wirken.

Darum ist es wichtig, auch das Zuhören zu erlernen.

Ich spreche hiermit ausdrücklich nicht nur das therapeutische Zuhören an, sondern vor allem das Alltägliche. Haben Sie es auch schon erlebt?

Sie wollten einem guten Freund etwas berichten und dieser hatte nichts anderes zu tun, als Sie darüber zu informieren, dass er bereits das Gleiche bzw. noch etwas viel Besseres erlebt hat.

Er redet und redet und hört nun gar nicht mehr auf zu erzählen.

Sie wollten von einem Urlaub berichten, und nun wissen Sie, eine Stunde später, alles über seinen Urlaub.

Das war nicht das Ziel Ihres Gesprächsansatzes.

Unter Freunden mag man so etwas verzeihen, aber wie sieht es im sonstigen Miteinander aus?

In Gesprächen mit den Kollegen? Mit Geschäftspartnern? Mit Fremden? Wer es nicht gelernt hat zuzuhören, wird in Gesprächen grundsätzlich negativ auffallen.

Es muss uns permanent bewusst sein, dass, sofern ein anderer das Gespräch beginnt, dieser es mit dem Ziel tut, etwas berichten zu wollen. In diesem Moment ist er nicht daran interessiert, die Geschichte eines anderen zu hören. Natürlich gibt es viele Gespräche, in denen wir uns untereinander austauschen. Hier sollte das Gleichgewicht beider Gesprächspartner gewahrt bleiben.

Auch hier ist ein intensives Zuhören unabdingbar, um dem Gesprächspartner das Interesse zu signalisieren. Als ungeübter Zuhörer wäre es ein großer Schritt nach vorne, wenn wir versuchen, das Thema, von welchem uns der Erzähler berichtet, nicht für unsere eigene Erzählung im Anschluss zu nutzen. Das können wir bewusst üben.

Berichtet der Erzähler von seinem Urlaub, reden wir nicht über unseren Urlaub. Berichtet der Erzähler von seinen Krankheiten, reden wir nicht über unsere Krankheiten. Sie werden schnell erkennen, wie schwer es Ihnen am Anfang erscheint, nicht auf diese altbewährte Art und Weise reagieren zu können.

Wir haben am Tag viele Möglichkeiten, das zu trainieren. Wer z. B. morgens mit der Bahn oder dem Bus zur Schule oder Arbeit fährt, hört unweigerlich die Gespräche seiner Nachbarn mit an.
Konzentrieren Sie sich und achten Sie auf den Zuhörer. Achten Sie auf die Reaktionen des Zuhörers.

Ist der Zuhörer aus Ihrer Sicht ein guter Zuhörer? Lässt er ausreden oder redet er ständig dazwischen? Oder unterbricht er gar den Redner? Wie auch immer, am Anfang dieses Trainings werden Sie nicht viele Punkte finden, welche es zu kritisieren gilt.
Trainieren Sie aber weiter, werden Sie mit der Zeit deutlich feinfühliger, und Sie werden die Mängel im Zuhören erkennen.

Diese Mängel gilt es beim eigenen Zuhören zu vermeiden. Es ist für uns einfacher, Fehler nicht selber zu begehen, wenn wir sie vorher woanders erlebt haben.
Dieses Training ist einfach und sehr effektiv.
Es geht hier nicht um das Belauschen anderer, aber wenn der Redner so redet, dass ein Weghören anstrengender erscheint als das Zuhören, ist dieses Vorgehen als Training sicherlich in Ordnung.

Aber denken Sie daran, sollte das Thema noch so spannend sein, konzentrieren Sie sich auf den Zuhörer und nicht auf den Erzähler.

Auf die Lösung warten

Wenn wir offen durch das Leben gehen und die Möglichkeit haben, die Lehre Buddhas kennenzulernen, sollten wir diese Möglichkeit ergreifen. Ob wir daran festhalten oder später einen anderen Weg einschlagen, muss jeder für sich ganz individuell entscheiden.

Ich hatte die Möglichkeit und habe mich dafür entschieden. Ich bin heute froh, damals diesen Schritt gegangen zu sein, und werde ihn weitergehen. Es sollte aber nichts erzwungen werden. Jeder Mensch muss seinen Weg allein suchen und finden. Ich sage bewusst „suchen", weil das Naheliegende nicht immer das Richtige sein muss. Sehen Sie sich in aller Ruhe um. Die Vielfalt ist groß. Bei der Entscheidung ist nur wichtig, dass sie jenseits jeglicher Zwänge getroffen wird. Lassen Sie sich Zeit dabei.

In der heutigen Zeit ist es immer wichtiger, schnelle, gut überlegte Entscheidungen zu treffen. Sei es im Berufsleben oder bei den alltäglichen Dingen des Lebens. Da die Welt aufgrund von Internet/E-Mail usw. immer enger zusammenrückt, sind gerade die Entscheidungen, welche viele Menschen betreffen, von hoher Wichtigkeit.
Ein Freund erzählte mir, dass er täglich viele Entscheidungen treffen müsse. Er fragte sich schon oft, ob seine Entscheidungen jeweils die

richtigen waren oder ob er das eine oder andere nicht doch hätte anders entscheiden sollen?

Er teilte mir mit, dass er immer nach bestem Wissen und Gewissen vorginge, aber sicherlich dennoch manche Fehlentscheidung treffe. Er lehnte sich zurück und gab zu verstehen, dass es eben nicht anders ginge. Auf meine Frage hin, in wie vielen Fällen die sofortige, unmittelbare Entscheidung wirklich notwendig war, überlegte er.
„Nun, wenn ich es mir recht überlege, in nicht vielen", meinte er nach kurzer Zeit. Man darf die Dinge nicht schieben! Außerdem ist man nur handlungsfähig, wenn man auf dem Laufenden ist.

Seine Stimme wurde wieder fester, intensiver.

Seine kurze Unsicherheit wich von ihm und er begann sich wieder sicherer zu fühlen. Das Fatale daran war, dass der Zustand einer gewissen Sicherheit den Zustand der begleitenden Leichtfertigkeit begünstigt. Die Sicherheit gibt innere Kraft, und das ist gut so. Der begleitende Zustand der Leichtfertigkeit aber verblendet andere Argumente.
Haben Sie mal versucht einen Menschen vom Gegenteil zu überzeugen, wenn er davon überzeugt ist, im Recht zu sein? Wir alle kennen das Sprichwort „Liebe macht blind".
Wenn wir einen neuen Partner kennenlernen, sind wir sicher, das größte Glück auf Erden gefunden zu haben. Gut gemeinte Ratschläge vom Umfeld

möchten wir in diesem Moment am liebsten verbieten. Viele wurden nach einer gewissen Zeit dennoch eines Besseren belehrt.

Es hat kaum jemand gelernt anzuhalten, bewusst zu warten.

Viele Entscheidungen müssen nicht sofort getroffen werden!
Einige ergeben sich ohne unser Zutun, bei anderen hilft uns das Abwarten und das Ansammeln weiterer Erkenntnisse, um zum richtigen Ergebnis zu kommen. In diesen Fällen reduzieren wir die Fehlerquote um ein Vielfaches.

Wenn wir einen Weg entlang gehen und dieser an einer Gabelung endet, können wir nur vermuten, welches die richtige Richtung ist. Die Wahrscheinlichkeit, dass wir den richtigen Weg weitergehen, liegt bei nur 50 %. Gehen wir in die falsche Richtung, müssen wir die ganze Strecke zurücklaufen.
Warten wir aber an der Gabelung, wird über kurz oder lang jemand vorbeikommen und uns den richtigen Weg weisen. Nun brauchen wir nicht mehr befürchten, den falschen Weg zu gehen.

Dies ist nur eins von unzähligen Beispielen, das darstellt, dass die besonnene Entscheidung die richtige ist. Sie mag länger dauern, aber die

Wahrscheinlichkeit einer falschen Entscheidung, ist deutlich minimiert.

Nur auf Kosten von ein wenig mehr Zeit.

Umgang mit Ärger

Wir haben es seit frühester Kindheit gelernt, andere Personen oder Dinge um uns herum für unsere Gefühlswelt und unsere Emotionen verantwortlich zu machen. Wir haben nicht umfänglich gelernt, nach innen zu schauen, um zu erkennen, dass letztendlich nur wir allein für unsere Emotionen, Gefühle und Gedanken verantwortlich sind.
Dieses „nach innen Schauen" erhöht die Eigenverantwortung in einem Bereich, welchen wir in dieser Tiefe bis dato so nicht kennengelernt haben.

Wir können aber lernen, uns von der Außenwelt unsere Gefühle nicht mehr aufzwingen und diktieren zu lassen. Wir schauen nach innen und haben die Macht, völlig frei jeglicher Außenwirkung zu entscheiden, wie wir auch in angespannten Situationen reagieren wollen.
Wenn wir das verinnerlicht haben, sind wir einen großen Schritt weiter in der Richtung, die Dinge zu sehen, wie sie wirklich sind (Leerheit aller Dinge).

Es gibt immer mal wieder Situationen, in denen wir selber ärgerlich werden oder uns den Ärger anderer heranziehen. Das folgende Beispiel zeigt eine Möglichkeit und den Umgang damit.

Sie haben sich entschieden, ein großes Zimmer in Ihrer Wohnung neu streichen zu lassen, und

lassen sich von einem Maler ein Angebot geben. Der Preis übersteigt bei Weitem die von Ihnen kalkulierte Summe. Möglicherweise werden Sie unruhig und können dieses Angebot überhaupt nicht nachvollziehen.
Der Maler bemerkt das und reagiert sehr ungehalten, da er fest mit der Beauftragung gerechnet hatte. Eine Bemerkung folgt der anderen und schon entsteht eine aufgeheizte Stimmung. Ärgerlich bitten Sie den Maler, Ihre Wohnung unverzüglich zu verlassen.

Für einen anderen Kunden, dessen Priorität nicht auf dem finanziellen, sondern auf dem qualitativen Aspekt lag, wäre dieses Angebot möglicherweise in Ordnung gewesen. Der andere Kunde hätte sich bedankt und dem Maler den Auftrag erteilt.

Wie auch im Kapitel „Was ist real" haben wir unterschiedliche Reaktionen auf ein Ereignis.

Hier nun aber der Unterschied:

Im Falle des Meditationskissens ziehen wir Erinnerungen aus unserem bisherigen Leben zu Hilfe. Sprich, wir reagieren aus der Speicherebene heraus.

Im Falle des Malerangebotes reagiert unser Geist anders. Hier wurde kein Gegenstand beurteilt, sondern eine virtuelle Summe und unterschwellig auch das Verhalten des Malers. Hier ziehen wir nicht unbewusst alte, bereits existierende

Gegebenheiten zu Hilfe, sondern wir legen aufgrund unserer wirtschaftlichen Möglichkeiten im heutigen Zustand fest, welche Geldsumme wir für diese Leistung ausgeben möchten.

Sollte diese Summe dann deutlich überschritten werden, sehen wir uns in unseren wirtschaftlichen Möglichkeiten von außen beschnitten.
Hier agieren wir auf der Bewusstseinsebene.

Der Umgang mit Ärger und den drei Elementen Ablehnung, Schuldzuweisung, Unfreundlichkeit ist trotz aller Erkenntnisse dennoch recht schwierig. Treffen wir auf eines dieser drei Elemente, ist es wichtig, sehr achtsam zu sein und die eigenen Gefühle zu kontrollieren. Stellen wir fest, dass der Ärger langsam in uns aufkeimt, sollten wir versuchen, uns aus dieser Situation herauszunehmen. Wir machen gedanklich einen Schritt zur Seite und lassen die Elemente vorbeilaufen.

Nachdem wir uns selber als Ziel herausgenommen haben, versuchen wir mit Verständnis und Mitgefühl die Situation unseres Gegenübers nachzuvollziehen.
Er hat einen Grund für diese, von uns negativ empfundene Handlung. Unser Gegenüber ist aber selber vielleicht nicht in der Lage, richtig damit umzugehen.

Dieser Mensch möchte uns nicht schaden, er ist nur belastet mit den eigenen, vielleicht tiefergehenden Problemen. Eine Trennung zwischen uns und seinen Problemen scheint ihm nicht möglich. Diese Tatsache an sich sollte Verständnis und Mitgefühl in uns aufkeimen lassen. Wenn wir Mitgefühl entwickeln können, sehen wir unser Gegenüber nicht mehr als „Angreifer", sondern als unglücklichen, hilfesuchenden Menschen.

Am Anfang ist es natürlich schwer, auf eines dieser drei Elemente mit liebevoller Leichtigkeit zu reagieren. Aber wir lernen in jedem neuen Fall, mit kleinen Schritten voranzukommen.

In dem gelernten Wissen, dass Gegengewalt, eigene Unhöflichkeit oder rückführende Schuldzuweisungen keine Lösungen bringen, nutzen wir diese Situationen, um unseren Geist zu beobachten und auf die Probleme unseres Gegenübers mit Achtsamkeit und Mitgefühl einzugehen.
So schaffen wir eine Atmosphäre zum Wohle aller, um der jeweiligen Situation eine gute Wendung zu geben.

Umgang mit der Liebe

Über die Liebe gibt es bereits viele Bücher, viele Erläuterungen, sehr viele verschiedene Ansichten. Die Liebe ist extrem vielschichtig in ihren Eigenschaften. Das erkennen wir schon an den vielen verschiedenen Arten der Liebe.

- Selbstliebe
- Partnerliebe
- Objektliebe
- Gottesliebe
- usw.

In unserem Fall beziehen wir uns auf die Partnerliebe.
Die eine Seite sagt, die Liebe wäre magisch, die andere Seite wiederum behauptet, Liebe wäre wissenschaftlich erklärbar. Wie auch immer sie dargestellt wird, sie stellt den zentralen Mittelpunkt unseres Lebens dar.

So schön und vollkommen die frische Liebe auch sein mag, so furchtbar kann sie auch sein, wenn sie nicht erwidert wird. Aus diesem Grunde liegen die Liebe und der Hass auch so nah beieinander. Buddha selbst sprach sich grundsätzlich für die Liebe aus.
Er hat niemals jemandem empfohlen, auf die Liebe zu verzichten. Er machte aber immer wieder deutlich, dass im Leben wie auch in der Liebe das Leid grundsätzlich verankert sei.

In der Zeit Buddhas entstand

die Geschichte einer Mutter, welches ihr Kind an den Tod verlor.
Die starke Liebe und die große Trauer, welche jetzt folgte, trieb sie mit dem toten Kind im Arm auf die Strasse. Sie flehte und bettelte die Menschen an, ihr zu helfen.

Einige Menschen hielten sie für gestört oder wirr. Andere lachten sie aus oder stießen sie beiseite, bis sie von einem alten weisen Mann aufgefangen wurde. Dieser alte Mann sagte ihr, sie solle zum Buddha gehen. Er wäre vielleicht der Einzige, welcher ihr helfen könne. Sofort lief sie los zum Buddha, legte ihm ihr totes Kind zu Füßen und bat um seine Hilfe.
Mit tiefem Mitgefühl hörte er ihre Geschichte an und sprach dann nur von einer Möglichkeit, ihr Leiden zu beenden.
Gehe ins Dorf hinunter und hole mir ein Senfkorn aus einem Haus, in welchem noch niemals jemand gestorben war. Sie eilte hinunter und klopfte an alle Türen. Alle hatten sie Senfkörner. Aber überall war bereits jemand gestorben. Sei es ein Kind, eine Mutter, ein Vater oder ein anderes Familienmitglied.

Noch vor der letztmöglichen Tür erkannte sie den Umstand. Sie war nicht allein mit ihrer Liebe und ihrem Schmerz. Nun erst begann sie zu verstehen und sich langsam mit dem Tod ihres Kindes

auseinanderzusetzen. Jetzt konnte sie Abschied nehmen.
Später ging sie zum Buddha zurück mit dem Wissen, dass auch sie die natürliche Abfolge von Geburt, Leben und Tod nicht verändern könne.

Wer mit jemandem verbunden ist, den er nicht liebt, der leidet.
Wer von jemandem getrennt ist, den er liebt, der leidet.
Wer sich etwas wünscht, aber diesen Wunsch nicht erfüllt bekommt, der leidet.

Buddha wollte damit sagen, dass sich in der Liebe auch immer ein Platz findet, welcher leidvoll ist.
Buddha war es wichtig, dass diese Erkenntnis richtig verstanden wurde.
Niemals aber hatte er diese Erkenntnis zum Anlass genommen, die Liebe zu verneinen. Wir Menschen neigen dazu, einen Schicksalsschlag als persönlichen Akt nur gegen uns zu sehen. Warum nur passiert mir das?
Wir glauben, alles hätte sich gegen uns verschworen.
Wir stehen alleine da mit unserem Schicksal.
Wir vergessen in diesem Moment, dass dieses oder ein ähnliches Schicksal bereits auch Tausenden Menschen vor uns widerfahren ist.
Auch in diesem Moment sind wir nicht allein.
Die Bedeutung der Liebe ist vielschichtig und kann mit folgenden Worten erklärt werden:

- Verständnis
- Verbundenheit
- Zuversicht
- Glückseligkeit
- Sehnsucht
- Einfühlung
- Verlangen
- Aufopferung
- und Leben

Hass kann wiederum mit folgenden Worten erklärt werden:

- Verzweiflung
- Wut
- Abstoßung
- Verachtung
- Zorn
- und Tod

Sicherlich können die Worte „Liebe" und „Hass" mit vielen weiteren erklärenden Worten definiert werden. Wichtig für uns ist aber nicht die Menge der Worte, sondern vielmehr das, was diese Worte aussagen.

Alle Begriffe sind Extreme!

Hier gibt es kein Mittelmaß. Kein ein bisschen, nur ja oder nein, schwarz oder weiß.
Wenn wir lieben, dann innig und tief. Hassen wir, dann in vollem Zorn. Dieses fehlende Mittelmaß

stellt eine große Gefahr dar, denn in beiden Fällen verschleiert es den Verstand.
Hier wird grundsätzlich niemals rational denkend vorgegangen. Auf Wolke Sieben zu schweben, ist kurzfristig sehr schön. Stellt nachweislich aber nicht die Realität dar. Die Rückkehr auf den Boden kann sanft oder hart vonstatten gehen. Aber sie findet definitiv irgendwann statt.

Die gänzlich fehlende geistige Kontrolle über diesen Vorgang führt dazu, dass diese Bodenlandung für uns zu einem äußerst schmerzhaften Ereignis werden kann.
So schmerzhaft, dass dieses in Hass umschlagen kann. Wenn wir uns bei dem Gefühl der Liebe aus der Situation herausnehmen, stellen wir, neutral betrachtet, fest, dass wir nicht frei agieren, sondern uns irgendetwas lenkt.

Ja, weiter noch, wir spüren unsere tiefe Abhängigkeit zur geliebten Person. In der Regel unbewusst, geben wir uns dieser Person gänzlich hin. In dieser Art der Liebe sind wir unbeholfen und zutiefst verletzbar. So wunderbar und schön diese Liebe auch ist, sollte dennoch versucht werden, die eigene rationale Kontrolle über den Geist und den Verstand niemals gänzlich zu verlieren. So schwer dies auch sein mag.
Können wir in der Liebe überhaupt eine geistige Kontrolle ausüben?
Ja, denn wenn wir uns die erklärenden Worte von Liebe und Hass genauer ansehen, stellen wir fest,

dass es sich hierbei um Eigenschaften von Geisteszuständen handelt.

In der Partnerliebe gibt es viele Gründe, warum wir den anderen Menschen lieben. Ähnlich wie im Kapitel „Umgang mit Ärger" bilden sich die Grundlagen unserer Gefühle und Emotionen einem anderen Menschen gegenüber aus verschiedensten Ereignissen unseres bisherigen Lebens.

Dieser Sachverhalt stellt auch klar, dass es die sogenannte Liebe auf den ersten Blick nicht geben kann.

Die Liebe zu einem anderen Menschen hat ihre Wurzeln in unserer Vergangenheit. Die Grundlagen und Zusammenhänge für bestimmte Vorlieben waren also schon vor der ersten Begegnung mit dem möglichen neuen Partner in uns vorhanden.

Sollte dieser mögliche neue Partner beim ersten Treffen unsere unbewussten Vorlieben erfüllen, sprechen wir von der Liebe auf den ersten Blick. Diese Erkenntnisse deuten darauf hin, dass die Liebe letztendlich geistig kontrollierbar ist und dadurch leider nichts mit Magie o. Ä. zu tun hat.

Ein Ziel sollte sein, durch Geistesschulung im Rahmen der Achtsamkeitsübungen zu erkennen, dass diese wunderbare Liebe in vollen Zügen zu erfahren ist, auch ohne den möglichen leidvollen Folgen zu unterliegen.

Kapitel 4
Meditationen

Im Westen wurde die Meditation bis vor wenigen Jahren noch nicht so ernst genomen, wie es ihr eigentlich gebührt. Mittlerweile aber hat sich das deutlich geändert.
Es wird mittlerweile den verschiedenen Meditationsarten eine nicht zu unterschätzende Wertigkeit zugesprochen. Immer mehr Menschen stellen sich die Frage nach dem Sinn des Lebens oder suchen nach Alternativen zum bisherigen Lebensablauf.

Auch die körperliche Entspannung und die Suche nach sich selbst treibt immer mehr Menschen an. Mit dem Nachweis der Wirksamkeit durch die Wissenschaft wurden auch die letzten Kritiker eines Besseren belehrt.

Ellens Geschichte und ihr Vortrag zur Meditation

Ich war vor einiger Zeit in München. Ich habe eine Karte für einen sehr interessanten Vortrag über die wissenschaftlichen Erkenntnisse der Meditation zu meinem 39. Geburtstag erhalten. Ich habe mich sehr darüber gefreut, denn den Vortrag hielt niemand anderes als Ellen.
Ellen war eine der Personen, an welche ich mich am liebsten erinnere, wenn ich an meine ersten Besuche, vor vielen Jahren, im Zentrum zurückdenke. Ellen war damals schon speziell und dadurch sehr interessant. Ihr Vortrag fand in einem eigens dafür angemieteten Theater statt. Ich war gespannt, wie Ellen heute wohl aussehen mag.
Hatte sie noch immer diese rötlichen, schulterlangen Haare und diese Ausnahmefigur? Nein, wohl kaum, unterbrach mich mein Verstand. Zu viele Jahre waren vergangen.

Ellen wusste, dass ich kam, und wir verabredeten uns zwei Stunden vor ihrem Vortrag in ihrem Künstlerraum. In diesen Räumen bereiten sich die Künstler und die Redner bei Vorträgen auf ihren Auftritt vor. Diese Räume sind für die Allgemeinheit nicht zugänglich. Ich klopfte und ein junger Mann bat mich herein. Er geleitete mich zu Ellen.

Wider Erwarten sah sie immer noch so aus wie bei unserem ersten Kennenlernen. Irgendwie hat mich die Faszination von damals auch heute wieder erfasst. Als ich den Blick von ihr ließ, um mich umzusehen, war ich sehr überrascht. Aus alten Filmen her hätte ich einen kargen Raum mit Holzstühlen und einen kleinen Spiegel an der Wand erwartet. Aber dieser Raum konnte es an Gemütlichkeit durchaus mit manchem Wohnzimmer aufnehmen.

Wir setzten uns auf ein Sofa in der Ecke des Raumes. Sie hatte etwas Besonderes, etwas, was ich nicht definieren konnte. Wir unterhielten uns über alles Mögliche und waren dabei so ausgelassen und vertraut miteinander, als hätten wir uns über die Jahre nie aus den Augen verloren.
Als ich aber dann nach ihren Eltern fragte und wo sie aufgewachsen sei, wurde sie nachdenklich und merklich stiller. Ich sah sie an und fragte mich, ob ich etwas Falsches gesagt hätte. Nein, habe ich nicht, da war ich mir sicher. Ihre Augen schienen glasig zu werden und sie fragte mich, ob ich Kinder mögen würde.

Ja, sagte ich sofort, natürlich!

Ellen überlegte einen Moment lang, ob sie mir aus ihrer Jugendzeit berichten sollte. Sie sah mich an. Sie war offensichtlich unsicher. „Du brauchst nichts zu sagen", sagte ich ihr.

Dann begann sie zu erzählen und ich merkte, dass es ihr merklich schwerfiel.

Ich war auf dem Weg zur Uni, um die letzten Vorbereitungen für mein Referat zu treffen. Ich war 19 Jahre alt und lebte seit 17 Jahren mit meinem Vater in Südafrika. Meine Mutter heiratete den Schweitzer Klaus Schoofer, einen Großindustriellen aus Zürich, als ich drei Jahre alt war. Sie lernten sich in Kapstadt kennen.
Meine Mutter war mit mir im Urlaub und er war auf Dienstreise dort. Schnell entschieden sie sich, mit mir in Südafrika zu bleiben, um sich dort eine neue Existenz aufzubauen. Meinen richtigen Vater habe ich nie kennengelernt.

Leider verstarb auch meine Mutter im dritten Jahr in Afrika nach einer kurzen, aber schweren Krankheit. Klaus Schoofer adoptierte mich und ermöglichte mir eine erstklassige Schulbildung mit anschließendem Studium an einer renommierten Universität. Aber je älter ich wurde, desto mehr spürte ich den Drang auszubrechen aus diesem für mich damals empfundenen oberflächlichen Leben. Ich wollte endlich das wahre Leben kennenlernen. Ich wollte das Leben spüren.
Ich las von diesem Gebäude. Kinder sind hier zu Hause. Ihrem letzten Zuhause. Ein Bericht in einer großen Tageszeitung erläuterte das Wesentliche über dieses Gebäude. Beim Lesen des Textes stiegen mir damals Tränen in die Augen.
Noch nie hatte ein Bericht mich so betroffen gemacht. Jeden Tag lesen wir von Katastrophen, Abstürzen, Erdbeben oder kriegerischen

Handlungen. Aber dieser Bericht damals, er traf mich mitten ins Herz.
Im Leben meines Stiefvaters ging es nur noch darum, aus Geld viel Geld zu machen.

„Sinnvoll?", fragte ich mich damals.

Zum Geldausgeben blieb kaum Zeit. Was auch kaufen? Materielle Wünsche hatte ich schon lange keine mehr!
Ich überlegte, dieses Haus aufzusuchen, nur um einen Blick hineinzuwerfen. Aber warum, könnte ich etwas ändern?
Nein, natürlich nicht!
Aber wenn ich hinginge, würde ich Eindrücke sammeln, weit entfernt von Reichtum, Oberflächlichkeit und Arroganz.

Diese Eindrücke würden sich auf mein ganzes Leben auswirken. Hier geht man nicht hin, um später zu vergessen. Ich entschloss mich, Kontakt aufzunehmen, um an einigen Tagen mit Kindergeschichten zumindest einigen der Kinder eine Freude zu bereiten.
Als ich mich das erste Mal aufmachte dorthin zu fahren, nahm ich das Rad, nicht den Wagen. Vielleicht war ich noch unsicher und, ach, ich weiß auch nicht! Ich fuhr los und alles war gut. Bis ich um eine Biegung kam und das Gebäude erblickte.
Es stand auf einmal erschreckend dicht vor mir. Ich dachte mir: „Wer bin ich eigentlich? Wieso nehme ich es mir heraus, hier helfen zu wollen?

Was kann ich schon tun?" Auf einmal übermannte mich die Unsicherheit. Ich drehte mein Rad um, wollte wegfahren, sah aber noch einmal zurück. Auf der Fensterbank im Fenster schräg über dem Eingangsbereich saß ein blondes Mädchen und schaute heraus. Ich erkannte nur die Umrisse, nicht die Gesichtszüge.
Aber der Blick des Mädchens traf mich dennoch. Als wollte sie sagen: „Dreh dich nicht um, das tun schon so viele." Ich schaute zu Boden und fing am ganzen Körper an zu zittern. Ich hatte so eine Angst, aber ich wusste damals auch, wenn ich jetzt gehen würde, könnte ich nie wieder in den Spiegel sehen.

Wie von fremder Kraft geführt drehte ich damals mein Rad erneut um und ging auf das Gebäude zu. Den Blick zum Mädchen im ersten Stock erhob ich aber nicht mehr. Mein Rad stellte ich am Fahrradständer ab. Hier war Platz für drei Räder. Viele Besucher kamen offensichtlich nicht hierher.
Im Eingangsbereich stand ein bunt bemalter Holztresen. Frau Utumba saß dahinter und begrüßte mich leise und freundlich. Ich bekam kaum ein Wort heraus. Ich faselte etwas von guten Tag, ähm, Ellen mein Name, ich, äh.

Im Inneren war alles sehr geräumig. Ich stand in einem großen, hellen Eingangsbereich mit bunten Bildern an den Wänden.
In der Zwischenzeit kam das kleine blonde Mädchen aus dem ersten Stock langsam die

Treppe herunter und blieb auf halbem Wege stehen, als sie mich erblickte.
Ich sah sie an und konnte den Blick nicht mehr von ihr lassen. Die Kleine sah aus wie ein Engel. Lange, blonde Haare und eine Haut, welche fast weiß schimmerte. Helle, blaue Augen und gerade sechs Jahre alt.
Die Kleine ging weiter auf mich zu und fragte: „Spielst du mit mir oder erzählst du mir etwas?"
Ich sah Frau Utumba an. Diese zeigte auf eine große Sofa-Landschaft im Vorraum. Das Mädchen nahm meine Hand und führte mich an ein blaues Ecksofa. „Hier sitze ich immer, wenn der Clown kommt. Jeder von uns hat eine feste Farbe, die wir uns aussuchen durften!

Der Clown ist unser Hausmeister Herr Maate. Aber das ist geheim!" Ein Lächeln entwich ihrem kleinen Gesicht und ihr Zeigefinger zeigte auf ihren Mund. „Liest du jetzt etwas vor?"
„Wo sind deine Eltern?" „Sie sind im Himmel. Sie warten dort auf mich. Ich habe sie schon lange nicht mehr gesehen. Bald aber werden wir wieder beisammen sein. Ich bin nicht ganz gesund. Ich bin müde. Lesen wir später?"

Ich schaute erneut zu Frau Utumba herüber und unterdrückte meine aufkommenden Tränen so gut ich konnte. „Ja, wir lesen später!" Das kleine Mädchen war die Treppe schon heraufgegangen und konnte meine Antwort nicht mehr hören. Ich erhob mich langsam vom Sofa und bemerkte nun erst bewusst, dass jedes Element der Sitzgruppen eine andere Farbe hatte.

Frau Utumba bemerkte schnell, dass ich mich nicht gut fühlte und kam sogleich auf mich zu. „Na, ich denke, ein starker Kaffee ist jetzt wohl das Richtige?"

Ohne eine Antwort abzuwarten nahm sie mich am Arm und zog mich mit in die Küche. Wir setzten uns und tranken den wirklich viel zu starken Kaffee. „Wie können Sie hier arbeiten, jeden Tag?"

Diese und ähnliche Fragen hörte Frau Utumba nicht das erste Mal. Viele fragen das. Aber nie hat sie diese Frage beantwortet. Ich dachte an meinen Stiefvater, den großen Schoofer. „Wie groß sind wir wirklich? Wie groß bin ich? An was messen wir Größe?"

Nach dem Kaffee verließ ich die Küche und sah im Vorraum eine Mutter mit ihrem Jungen, vielleicht fünf Jahre alt. Besuch??? Die beiden gingen zur Sitzgruppe. Der Kleine nahm auf dem roten Sofabereich Platz. „Schau mal, Mama, hier darf nur ich sitzen, ist das nicht toll?" Er nahm seine Mütze ab und ein kleiner, kahler Kopf kam zum Vorschein.

Ich fing an zu weinen und verließ das Gebäude. Ich setzte mich auf einen Mauervorsprung und versuchte gegen die Tränen anzukämpfen.

Am nächsten Tag in der Universität war ich in Gedanken nur bei dem kleinen Mädchen. Ich

konnte mich auf keine der Vorlesungen konzentrieren und stand irgendwann auf, um den Hörsaal zu verlassen.
Mit dem Bus fuhr ich nach Hause, um von dort mit dem Rad zum Haus der Kleinen zu fahren. Vor dem Gebäude angekommen überkamen mich erneut ungute Gefühle. Die Selbstzweifel kamen wieder hoch. Ich hörte ein Pochen. Frau Utumba klopfte von innen gegen ihre Büroscheibe und winkte mich herein.

Drinnen begrüßte sie mich mit einer herzlichen Umarmung. „Es ist schön, dass Sie wieder da sind. Ist alles ok? Ja? Ich stelle Ihnen einige Kinder vor." Sie führte mich von Zimmer zu Zimmer und nach einer halben Stunde hatte ich zehn Kinder kennengelernt und allen mitgeteilt, warum ich da war. „In fünfzehn Minuten unten im Sofabereich, Geschichtenzeit!!!"

Die Kinder freuten sich und alle sagten zu. Es konnten aber nur drei Kinder kommen. Die anderen waren nicht in der Lage, ihre Betten zu verlassen. Etwas, woran ich überhaupt nicht gedacht hatte und die Kinder offensichtlich auch nicht.
Ich ließ die drei kurz warten und ging nochmals durch alle Räume, um den anderen zu sagen, dass ich später noch für eine Geschichte ins Zimmer käme. Ich kam auch in das Zimmer des kleinen Mädchens aus dem ersten Stock, schräg über dem Eingangsbereich. Sie hieß Julia und ich begrüßte sie sehr herzlich.

Ich kannte sie kaum, doch ich spürte eine starke Bindung. Julia war heute nicht in der Lage, das Zimmer zu verlassen. Für Julia hatte ich eine eigene Geschichte. Eine schöne Geschichte, nur für diesen kleinen blonden Engel.
Dieser Tag damals war lang. Nach fünf Stunden verabschiedete ich mich im Vorraum.
Frau Utumba war schon weg. Eine junge Frau, vielleicht Anfang dreißig, saß auf ihrem Platz. „Hallo, Sie müssen Ellen sein! Rosi, also Rosalinde Utumba, für uns nur Rosi, hatte schon erzählt, dass Sie da sind. Ich bin Heidi Stock." Heidi Stock kam ursprünglich aus Deutschland.

Sie kam vor acht Jahren mit einem Hilfskonvoi nach Südwestafrika. Zwei Jahre später kam sie dann hierher. „Ich arbeite abends hier!" Nach einem kurzen, sehr netten Gespräch verließ ich das Gebäude. Damals hatte ich ein gutes Gefühl. Von nun an ging ich die Kinder zweimal die Woche besuchen. Die Zeit verstrich und ich war mittlerweile ein sehr gern gesehener Gast.
Auch beim Pflegepersonal, welches mich zuerst doch sehr misstrauisch beäugte. Aber meine Geschichten brachten Freude ins Haus, wenn auch nur für eine kurze Zeit. So wurde ich damals, langsam, aber sicher, ein fester Bestandteil im Personal und sehr beliebt bei den Kindern.

Die Zeit verging und ich machte unvermindert weiter. Ich las Geschichten und sorgte immer wieder für kurze Heiterkeit. Aber dann hatte ich immer häufiger Gespräche mit Dr. Jochens. Immer wieder betonte er, dass es der kleinen Julia schlechter ginge und ich aufpassen müsste, dass meine Bindung zu diesem Kind nicht zu stark werde. Sehr wohl hatte er bemerkt, dass ich mittlerweile eine sehr tiefe Verbundenheit zu Julia aufgebaut habe.

An einem regnerischen Abend gegen 22.00 Uhr klingelte mein Telefon. „Dr. Jochens hier, kommen Sie bitte, Julia wird" / rums, ich schmiss den Hörer auf das Telefon und rannte zum Flur.

„Wo willst du hin?", rief mein Vater mir noch hinterher. Ich konnte damals nicht antworten und lief, ohne etwas zu sagen, durch den Flur zu meinen Schuhen neben der Haustür. Ich streifte sie mir nur über und sprang ins Auto. Ich fuhr an diesem Abend so schnell ich konnte. Am Haus angekommen rannte ich an Frau Stock vorbei und wurde vor dem Treppenaufgang von Dr. Jochens abgefangen.

„Bitte, kommen Sie zur Ruhe." Er packte mich fest am Arm. Aber er wusste auch instinktiv, dass ich bei Julia sicher das Richtige machen würde.
Wenn ich heute so darüber nachdenke, hatte er damals in dieser Situation seinen Job riskiert.
Ich öffnete die Tür und trat herein. Ich schaute zu Julia und Julia schaute aufmerksam zurück. Ihre eh schon fast weiße Haut wirkte nun noch weißer, beinah durchsichtig. Sie war schwach und konnte

kaum den Arm heben. Ich beugte mich zu ihr herunter und hörte sie flüstern.

„Nimm mich auf deinen Schoß und erzähl mir von den Sternen am Himmel. Welcher, sagtest du, wird meiner sein?" Ich umschloss Julia mit meinen Armen und hob sie sanft aus dem Bett, um sie auf meinem Schoß abzusetzen. Der rechte Arm hielt den Rücken und mit der linken Hand hielt ich Julias Hand ganz fest.

Circa zwanzig Minuten lang erzählte ich über die Sterne. Ich schaute Julia die ganze Zeit an und Julia sah zurück. Julia lächelte noch einmal, bevor sie die Augen für immer schloss. Der Druck ihrer kleinen Hand damals ließ nach und ihr Kopf sackte nach vorn.
Ich hielt Julia noch über eine Stunde auf dem Arm und weinte die ganze Zeit. Der gefühlte Schmerz war unerträglich.

Ellen begann zu weinen und brach die Erzählung ab. Sie sah mich an und schien irgendeine Reaktion zu erwarten. Aber ich konnte nicht. Ich konnte nichts; weder meine Bewunderung für ihre Stärke noch mein Entsetzen über das gerade Gehörte zum Ausdruck bringen. Es gab nur wenige Momente in meinem Leben, in denen ich sprachlos war. Heute kam einer dazu. Ich nahm sie fest in den Arm. Das war meine Antwort, die einzige, welche ich in diesem Moment geben konnte. Sie nahm die Umarmung dankbar an und ließ mich nicht wieder los.

Es klopfte, noch zehn Minuten, rief jemand vom Team durch die geschlossene Tür. Ellen stand auf und trat einen Schritt zurück. Sie wischte sich die letzten Tränen aus dem Gesicht. Ich erhob mich nun ebenfalls vom Sofa und machte einen Schritt auf sie zu. Sie legte ihre rechte Hand auf meinen linken Oberarm, strich darüber und drehte sich wortlos um. Ohne sich nochmals umzusehen, öffnete sie die Tür und ging.

Da stand ich nun allein in diesem Hinterzimmer und dachte nur: „Was für eine Frau!"

Der Grund, warum ich heute eigentlich gekommen war, schien mir völlig nebensächlich geworden zu sein. Ich brauchte noch einen Moment, um wieder richtig zu mir zu kommen. Ich versuchte mich zu sammeln, um mich wieder auf das Thema der Meditation konzentrieren zu können.
Ich schritt zur Tür und verließ den Raum, um mich unter die anderen Besucher zu mischen. Ich trank noch einen Kaffee an der Bar und ging beim ersten Klingeln mit den anderen in den Hauptraum.

Kurze Zeit später betrat ein junger Mann die Bühne und bat um Ruhe. Es folgten die bekannten Hinweise auf das Handyverbot während des Vortrages und weitere allgemeine Hinweise.
Dann betrat Ellen die Bühne und sah kurz in die Runde. Es folgten höflich einleitende Worte und der Vortrag begann.

Er dauerte 45 Minuten und beschäftigte sich mit den Veränderungen der Gehirnwellen innerhalb der Meditation.
Die Wissenschaft bestätigt und belegt die Veränderung der Gehirnwellen innerhalb der Meditation und deren Auswirkung auf unser Wohlbefinden.

Sie erläuterte, dass im angespannten Wachzustand das Gehirn Beta-Wellen mit einer Geschwindigkeit von bis zu 40 Hertz erzeugt. Diese Wellen sind unterschiedlich lang, treten unregelmäßig auf und lassen bei deren Besichtigung auf dem Monitor ein Chaos vermuten.
Diese Wellen geben das Bild unseres Verstandes wieder. Wir lassen uns in diesem Zustand leicht ablenken und reagieren auf alles Mögliche in unserem Umfeld. Das Gehirn wird zum Springball unserer Gedanken. In diesem Zustand kann der Verstand schlecht zur Ruhe kommen. Wir können jetzt schnell das Gefühl der inneren Unausgeglichenheit/Reizbarkeit und schlechter Laune empfinden.

Im entspannten Zustand bzw. in der Einleitungsphase einer Meditation verändern sich die Gehirnströme. Die Beta-Wellen müssen nun den Alpha-Wellen weichen. Diese Wellen verlaufen bereits deutlich langsamer (bis zu 13 Hertz) und sind deutlich synchroner als die Beta-Wellen.

Die Folge ist, dass der Körper beginnt, sich ausgeglichener und ruhiger zu fühlen. Die Gedanken sortieren sich und die innere Hektik beginnt sich aufzulösen. Der Mensch erkennt die Verbindung zwischen Körper und Geist.
Wenn wir schlafen oder in eine tiefe Meditation eingehen, erzeugt das Gehirn Theta-Wellen (bis zu 7 Hertz). In diesem Zustand sind wir in der Lage zu träumen.
Das liegt an dem gesteigerten Erinnerungsvermögen, welches wir jetzt erreichen. Wenn wir in die Tiefschlafphase eingehen bzw. die Meditation weiter vertiefen, beginnt das Gehirn Delta-Wellen (bis zu 3 Hertz) zu erzeugen. Wir verlassen die Traumebene und kommen gänzlich zur Ruhe.

Der große Unterschied zwischen dem Schlafen und der Meditation ist die geistige Aufmerksamkeit. Die oben genannten Phasen durchlaufen wir in der Meditation bei vollem Bewusstsein.
Das führt zu einem klaren und ruhigen Geisteszustand und einer damit einhergehenden erweiterten Bewusstseinsebene.

Zum Ende hin stand Ellen den Zuhörern noch Rede und Antwort. Sie ging auf alle Fragen ein und versuchte trotz des sehr wissenschaftlichen Hintergrundes alles so verständlich wie möglich darzulegen.

Dieser Vortrag machte deutlich, dass es sich bei der Meditation nicht um esoterischen Blödsinn handelt. Als ich mich umsah, konnte ich in den Gesichtern der anderen Zuschauer erkennen, dass sie einen so fachlichen Vortrag nicht erwartet hatten.
Ich kann nicht genau sagen, ob das auf der einen Seite den fachlichen Komponenten geschuldet war oder auf der anderen Seite den Gefahren der Meditation, auf die sie auch recht ausführlich eingegangen war. Sie erläuterte in ihrem Vortrag den Unterschied zweier Arten von Meditationen. Zum einen die reine Entspannungsform (Geistesruhe), zum anderen die auf langfristige geistige Veränderung ausgelegte Form.

Geistesruhe
Diese auf reiner Entspannung basierende Form ist die am häufigsten anzutreffende Meditationsform. Hierüber gibt es unzählige Bücher, Unmengen an Aussagen und Meinungen im Internet sowie in Vorträgen. Diese Form reicht aus, die Ergebnisse, welche im Allgemeinen von einer Meditation erwartet werden, vollends zu erfahren. Hier haben Sie die Möglichkeit, geistige Entspannungsübungen durchzuführen.

Die Geistesruhe dient dazu, die Gedanken zu beruhigen, um somit einen entspannten Geisteszustand zu erreichen. Hierbei denken wir zum Beispiel an einen Gegenstand und atmen ruhig und gleichmäßig ein und aus. Sollten unsere Gedanken abweichen und an die Zukunft oder

Vergangenheit denken, holen wir sie sanft in den jetzigen Zustand zurück.

Während dieser Meditation stellen wir fest, dass wir uns immer mehr entspannen und zur Ruhe kommen. Während unser Geist vorher einem unruhigen Meer mit Wind und hohen Wellen glich, so gleicht er später im Ergebnis einem stillen See mit einer ganz glatten Oberfläche.

Geistessicht
Die zweite Form der Meditationen sollten Sie anfangs nur mit professioneller Anleitung durchführen. Personen mit körperlichen Schäden, suchtkranke und psychisch kranke Menschen sollten vor Beginn dieser Meditation mit ihrem Arzt Rücksprache halten.

Auch wenn Sie als gesunder Mensch diese Form der Meditation durchführen, besteht die Gefahr, dass Sie am Anfang von den Ergebnissen überfordert sind.

Sich im absoluten Hier und Jetzt zu befinden, das Gefühl von Raum und Zeit zu verlieren, keine Vergangenheit und keine Zukunft, das Lösen der körperlichen Ebene und die absolute Leere sind nur einige Ergebnisse, welche auf Sie zukommen werden.

Für einen Menschen in der Anfangsphase kann das allein zu viel sein. Die Geistessicht lässt uns während der Meditation erkennen, wie sich in unserem Bewusstsein Geisteszustände verändern. Wir achten nun nicht auf einen

bestimmten Gegenstand, sondern achten darauf, wie unser Geist mit den eigenen Gedanken umgeht. Wir bemerken, wie sich Gefühlsstrukturen bilden, und nehmen diese nur wahr. Wir schenken ihnen aber keine Bedeutung, sondern lassen diese Gefühle im leeren Raum stehen und achten auf weitere Veränderungen. Wir erkennen, wie sich in unserem Geist Gefühle bilden und wie sie wieder verschwinden.
Die einen lösen sich schnell auf, andere versuchen etwas länger zu bleiben. Aber letztendlich sehen wir, dass alles kommt und wieder geht. In dieser Meditationsart erkennen wir, dass die aufkommenden Gefühle für uns nur „real" werden, wenn wir ihnen anhaften und somit eine Bedeutung geben. Tun wir das nicht, löst es sich wieder auf, als wenn es nie da gewesen wäre.

Als sich der Saal langsam leerte, blieb ich noch sitzen, bis alle gegangen waren. Ellen hatte das hinter dem Vorhang beobachtet und kam zu mir, als der letzte Besucher gegangen war. Wir sprachen noch kurz und nahmen uns zum Abschied nochmals fest in den Arm. Seither habe ich Ellen nie wiedergesehen.

Es zeigte sich also, dass ich damals gut daran getan hatte, sie für ihre ablehnende Haltung jeglichem Gejammer oder Genörgel gegenüber nicht vorschnell zu verurteilen.

Heute weiß ich, warum!

Die nun folgenden Meditationen sind für Einsteiger sehr gut geeignet. Ich habe bewusst nur wenige Meditationen aufgeführt. Es ist wichtig, die Grundsätzlichkeiten zu verstehen. Wenn Sie diese Meditationen beherrschen und ihre Wirkung spüren, entscheiden Sie, wann und wie viele weitere Meditationen Sie erlernen möchten. Hierzu gibt es im Fachhandel mittlerweile eine große Auswahl.

Achten Sie darauf, dass Sie nichts unter Zwang machen.
Sowie eine Sitzposition oder eine Körperhaltung unangenehm wird, setzen Sie sich anders hin oder unterbrechen die Meditation. Der Körper muss sich erst noch an diese Haltung gewöhnen.

Lassen Sie ihm die Zeit. Es geht hier nicht darum, ein bestimmtes Pensum in einer vorgegebenen Zeit zu erreichen. Vielmehr geht es um Ruhe, Gelassenheit und die seichte Methode, den Verstand neu auszurichten.

Es gibt verschiedene Gründe, warum die Meditation in der heutigen Zeit immer mehr Anklang findet. Aufgrund der Arbeitsdichte und der Schnelllebigkeit unserer Gesellschaft sind immer mehr Menschen auf der Suche nach einem Ausgleich. Sportliche Aktivitäten sind gut, um den Körper auszupowern und ein gutes Körpergefühl zu erzeugen. Das kann nach einem anstrengenden Arbeitstag Wunder wirken.

Aber was ist mit unserem geistigen Ausgleich? Körperlich fit, aber gedanklich voller Pläne, was am morgigen Tage alles erledigt werden muss. Das ist halt so, werden viele sagen. Das liegt daran, dass wir unseren Geist gar nicht so richtig beachten.
Das mag daran liegen, dass er für uns nicht so präsent wirkt wie andere Dinge. Der Geist ist nicht sicht- oder greifbar für uns. Durch ihn nehmen wir Dinge mit unseren Augen wahr, nehmen Geräusche mit unseren Ohren auf oder differenzieren Geschmacksrichtungen durch die Aufnahme von Nahrung durch unseren Mund.
Er ist die Zentrale unserer Empfindungen und Handlungen.
Er ist die Zentrale unseres Erlebens.

Im Rahmen von Meditationen haben wir die Möglichkeit, die Schaltzentrale unseres Lebens kennenzulernen. Wie funktioniert unser Geist? Warum reagieren wir so, wie wir reagieren? All unser Handeln hat Ursachen, das wissen wir mittlerweile. Und nun wissen wir auch, wo die Ursachen zu finden sind.

Meditationsbeispiele

Die Atemmeditation

Die Atemmeditation ist die gebräuchlichste und bekannteste Meditation innerhalb der buddhistischen Lehre. Alle großen buddhistischen Lehrmeister lehren ihre Schüler diese Art der Meditation.
Sie eignet sich hervorragend auch für Anfänger und erweist dem Meditierenden bereits nach wenigen Anwendungen eine große Wirkung. Der Umgang mit der Atmung ist nicht nur im Buddhismus, sondern auch in der modernen Psychologie von hoher Wichtigkeit.

Diese Übung zwingt den Verstand, sich auf die Atmung zu konzentrieren. Das bedeutet, dass das vorherige Umherirren des Verstandes unterbrochen wird. Seine Aktivitäten werden aktiv unterbrochen. Die Ausrichtung des Verstandes in diese Form der Atmung und Zählung beruhigt und führt zur körperlichen Ausgeglichenheit und inneren Ruhe.

Von Laien wird die Wertigkeit allerdings nicht sofort erkannt. Das hat viele Gründe:

- Atmen tun wir seit der Geburt ohne unser Zutun. Wieso soll es jetzt etwas Besonderes sein?

- Atmung erfolgt automatisch. Das ist zu einfach, um besondere Wirkung auf unseren Verstand zu haben.
- usw.

Wann kann diese Meditation durchgeführt werden?

- In den Momenten, in welchen wir uns überfordert fühlen.
- In denen wir nicht mehr wissen, wo uns der Kopf steht.
- Vor einer wichtigen Prüfung.
- Vor einem Vorstellungsgespräch.
- Wenn wir abends beim Zubettgehen nicht zur Ruhe kommen.
- Immer wenn wir uns nach innerer Ruhe und Entspannung sehnen.

Übung:
Die entspannende Wirkung wird im Allgemeinen stark unterschätzt. Daher ist es gerade für Anfänger erst einmal sicherer, die Meditation aufrecht und gerade sitzend auf einem Stuhl durchzuführen, da im Liegen die Gefahr des Einschlafens gegeben ist.
Der Körper steuert weiterhin ohne unser aktives Zutun unsere Atmung.
Wir müssen darauf achten, dass wir die Atemgeschwindigkeit sowie deren Intensität nicht verändern, nur weil wir die Atmung in der Meditation beobachten und bewusster wahrnehmen.

Wir schließen die Augen und atmen ruhig ein und aus. Beim Einatmen spüren wir den Luftzug an der vorderen Naseninnenwand und zählen 1. Beim Ausatmen spüren wir den Luftzug an der vorderen Naseninnenwand und zählen 2. Diese Abfolge wird wiederholt, bis wir bei 20 angekommen sind.

Innerhalb der Meditation wird es vorkommen, dass unsere Gedanken abschweifen. Sie versuchen Geräuschen zu folgen, welche wir in der Umgebung wahrnehmen. Das kann ein Vogelgezwitscher oder auch ein vorbeifahrender Zug sein. Auch die Küchenuhr oder die Wohnungstür des Nachbarn, welche ins Schloss fällt, wird wahrgenommen.
Unsere Gedanken versuchen sich sofort an diese Geräusche zu heften, um ihnen zu folgen. Sowie Sie dieses feststellen, müssen Sie versuchen, die Gedanken sanft wieder zurückzuholen. Häufig kommt es vor, dass Sie nicht mehr genau wissen, bis wohin Sie gezählt haben.
Das ist normal und wird sich erst nach längerer Meditationspraxis reduzieren. Es zeigt uns auf, wie wenig wir noch in der Lage sind, den Verstand an uns zu binden. Mit dem sachten, aber immer wiederkehrenden Zurückholen binden wir den Verstand fester an uns. Mit jeder weiteren Meditation wird es uns möglich sein, diese Abschweifungen zu reduzieren. Wenn Sie ohne Probleme bis 20 durchzählen konnten, erhöhen Sie diese Zahl auf 50.

Die Wolkenmeditation

Die Wolkenmeditation ist ebenfalls eine sehr bekannte und häufig angewandte Meditation. Wir arbeiten hier mit Suggestion und führen diese bewusst mit der Speicherebene zusammen. In dieser Übung zwingen wir den Verstand, sich auf etwas von uns Vorgegebenem zu konzentrieren. Dadurch lassen wir dem Verstand keine Möglichkeit, sich mit anderen Dingen zu beschäftigen.

Die Wirkung ist erstaunlich. Bereits nach kurzer Meditationszeit fühlen sich die Praktizierenden deutlich entspannter und vom Kopf her nicht mehr so belastet.

Wann kann diese Meditation durchgeführt werden?

- Immer wenn wir das Gefühl haben, dass uns zu viele Dinge durch den Kopf gehen. Die einzelnen Themen aber nicht direkt greifbar sind. Altlasten, mit denen wir uns noch beschäftigen, obwohl wir diese sowieso nicht mehr ändern können oder wollen.
- Ich möchte Freiraum in meinem Kopf schaffen, um mich auf bestimmte Dinge konzentrieren zu können.

Übung:
Am besten setzen wir uns wieder auf einen gemütlichen Stuhl und achten darauf, dass der Rücken aufrecht und gerade ist. Daher ist ein Sitzen auf einem Sessel o. Ä. nicht geeignet.
Wir beginnen mit einer ruhigen und entspannten Atmung. Ein intensives Achten auf die Atmung wie in der Atemmeditation ist hier nicht gefordert. Dennoch sollten wir versuchen ruhig und entspannt zu atmen. Wir schließen die Augen.

Wir stellen uns den Inhalt des Kopfes als eine schöne Wiese im Sonnenschein vor. Die unruhigen Gedanken stellen wir uns als dunkle Wolken vor. Diese Wolken ziehen über die Wiese hinweg und lassen zeitweilig auch die Sonne hinter sich verschwinden.
Wir beobachten dieses Schauspiel. Als würden wir auf der Wiese sitzen und nach oben in die Wolken sehen. Wir versuchen nicht einzugreifen. Wir halten keine Wolke fest. Wir lassen sie kommen und gehen. Während des Beobachtens werden wir feststellen, dass die dunklen Wolken sich mehr und mehr auflösen bzw. mehr dunkle Wolken verschwinden, als neue hinzukommen.
Zeitweilig erkennen wir auch helle Sommerwolken und sehen bald nur noch einen hellblauen Himmel und einige Wolkenschleier. Die Sonne strahlt herunter und wir beginnen bewusst zu lächeln. Genießen Sie diesen Moment einen Augenblick und öffnen Sie langsam die Augen. Sie werden sofort feststellen, dass die unruhigen Gedankenzüge verschwunden sind.

Die Kerzenmeditation

Die Kerzenmeditation ist auch für Kinder sehr gut geeignet. Auch hier wird das unkontrollierte Umherirren des Verstandes unterbrochen, da wir „seine" Aktivitäten bewusst auf das Beobachten einer Kerzenflamme umlenken. Obwohl wir eine Kerze bereits in der Speicherebene vorfinden, ist ein sofortiges Visualisieren einer Kerze nicht immer möglich. Lassen Sie sich davon nicht entmutigen und versuchen Sie es weiter. Hier ist das Ziel erreicht, wenn die flackernde Flamme zur Ruhe gekommen ist und still ohne Eigenbewegung am Kerzendocht ruht.

Wann kann diese Meditation durchgeführt werden?

- Immer wenn wir das Gefühl haben, dass uns zu viele Dinge durch den Kopf gehen. Die einzelnen Themen aber nicht direkt greifbar sind. Altlasten, mit denen wir uns noch beschäftigen, obwohl wir diese sowieso nicht mehr ändern können oder wollen (auch Wolkenmeditation).
- Ich möchte Freiraum in meinem Kopf schaffen, um mich auf bestimmte Dinge konzentrieren zu können (auch Wolkenmeditation).
- Immer wenn die Atemmeditation nicht ausgereicht hat.

Übung:
Am besten setzen wir uns wieder auf einen gemütlichen Stuhl und achten darauf, dass der Rücken aufrecht und gerade ist. Wir beginnen mit einer ruhigen und entspannten Atmung. Wir schließen die Augen und stellen uns eine brennende Kerze vor.

Diese kann sich schwebend im offenen Raum vor uns oder stehend auf einem Tisch befinden. Das Flackern der Flamme signalisiert die unruhigen, uns belastenden Gedanken. Solange wir nicht frei dieser Gedanken sind, wird die Flamme der Kerze nicht, wie im windstillen Zustand, ruhig auf dem Docht stehen.

Wir beobachten die Flamme, während diese flackert und sich unruhig im scheinbar vorhandenem Wind hin und her wiegt. Wir brauchen nichts weiter zu tun, als die Flamme zu beobachten. Mit der Zeit wird die Flamme ruhiger und wird so später auch den Zustand der absoluten Ruhe, des Stillstandes, erreichen.

Wenn dieser Punkt erreicht ist, können wir die Meditation verlassen. Wie bereits beschrieben, wird das wahrscheinlich nicht bei den ersten Versuchen gelingen. Dann hören Sie nach ca. 10 min. auf und versuchen es zu einem späteren Zeitpunkt erneut.

Die Körpermeditation

Die Körpermeditation macht uns bewusst, dass wir mehr sind als unsere geistigen Aktivitäten. Wie bereits im Kapitel „Unser Körper" beschrieben ist, ist das Zusammenspiel der geistigen und körperlichen Ebenen sehr wichtig. Die zweitgenannte Ebene wird leider häufig vernachlässigt. Um wieder ein besseres Körperbewusstsein zu erlangen, eignet sich diese Meditation sehr gut.

Wann kann diese Meditation durchgeführt werden?

- Am besten eignet sich der Abend, wenn Sie zu Bett gehen.
- Wenn Sie sich am Nachmittag ein wenig ausruhen möchten.
- Morgens vor dem Aufstehen.

Übung:
Diese Meditation wird am besten im Liegen durchgeführt. Wir beginnen mit einer ruhigen und entspannten Atmung. Wenn wir es durch die Atmung geschafft haben, unsere geistigen Aktivitäten ein wenig zu beruhigen und auf die folgende Meditation zu zentralisieren, können wir beginnen.
Wir beginnen damit, unseren Körper bewusst wahrzunehmen, und beginnen mit unserem Kopf. Liegt unser Kopf entspannt oder stört uns ein Teil

des Kopfkissens? Fühlt sich unser Kopf leicht oder eher schwer an? Dann gehen wir weiter herunter über den Halsbereich zum Oberkörper. Liegt der Oberkörper entspannt auf der Unterlage? Drückt irgendetwas? Spüren wir die Matratze oder die Bettdecke, auf der wir liegen? Wie schwer fühlt sich unser Oberkörper an?

Wir wandern weiter zum rechten Arm und erspüren, wo der Arm auf der Unterlage aufliegt. Spüren wir, wie die Schwerkraft die einzelnen Körperbereiche nach unten zieht? Wir wandern weiter zur rechten Hand und versuchen die Finger einzeln vom kleinen Finger bis zum Daumen bewusst zu fühlen.
Liegen die Finger mit den Fingerkuppen auf der Unterlage oder liegt die Hand mit dem Handrücken zur Unterlage? Nun wandern Sie langsam wieder den Arm hinauf in den Brustkorb und von dort langsam zum rechten Bein hinab.

Erspüren Sie die Oberschenkelmuskulatur und mit welchem Gewicht diese auf die Unterlage drückt.
Die Kniebeuge, welche zwischen Ober- und Unterschenkel nicht auf der Unterlage aufliegt. Dann den Unterschenkel, wie auch schon den Oberschenkel, auf die Auflagefläche und das Gewicht hin überprüfen und erspüren. Anschließend gehen wir weiter zum Fuß und versuchen den Fußrücken zu erspüren und gehen die Zehen im Einzelnen vom kleinen bis zum großen Zeh durch.

Zum Schluss wandern wir wieder vom Fuß aus über den Unterschenkel durch das Kniegelenk über den Oberschenkel durch das Becken zum linken Oberschenkel und führen dort wie bereits auf der rechten Seite die Übung durch. Wenn Sie die Übung auch auf der linken Seite durchgeführt haben, bleiben Sie noch einen Moment liegen und führen Sie die Atemmeditation zweimal bis jeweils 20 durch.

Schlusswort

Auch nach vielen Jahren buddhistischen Lebens bin ich noch immer fasziniert von dieser Denk- und (Er-)Lebensform. Ich betone bewusst Denkform und nicht Glaubensform. Das Religionsverständnis im Westen ist gänzlich anders als das im asiatischen Bereich. Wenn wir von Religion sprechen, sprechen wir immer auch vom Glauben.

Der Buddhist aber ist auf der Suche nach dem Nachweisbaren, definitiv Vorhandenen.
Er ist schlicht auf der Suche nach dem Wissen. Die Inhalte der Lehrreden Buddhas oder der heutigen Lamas sollen vom Zuhörer nicht als wahr und gegeben einfach hingenommen werden.

Die Schüler sind aufgerufen, alles zu überprüfen und erst nach eigener positiver Erfahrung als wahr anzunehmen. Vor allem lernt der Schüler seine Handlung vorher zu bedenken. Die Handlung beginnt im Kopf und endet in der Außenwirkung.
Die Schüler sind angehalten mitzudenken, kritisch zu sein und gegebenenfalls bestimmte Bereiche, welche ihnen nicht nutzen, nicht weiter anzuwenden. Buddha sagte ganz pragmatisch, dass alles, was nicht heilsam und förderlich einsetzbar ist, nicht weiter zu beachten sei.

Das schließt auch das Denken über Dinge ein, welche wir nicht beantworten können. „Wann geht die Welt unter oder wie groß ist das Weltall?" Diese Fragen führen uns nicht weiter auf dem Pfad der geistigen Entwicklung.

In unserer westlichen Auffassung vom Glauben haben wir gelernt, dass alles, was uns von göttlicher Seite zuteil ward, als wahr zu akzeptieren sei. Ein Eigenengagement zwecks Überprüfung der Schriften ist nicht gewollt.
Das führt dazu, dass in den Glaubensreligionen den Gottheiten und ihren Schriften ein sehr hoher Stellenwert eingeräumt wird.

Im Buddhismus ist das anders. Der Buddhist ist der Lehre an sich und der Möglichkeit, diese in sein Leben zu integrieren, dankbar. Wenn jemand behaupten würde, dass Buddha niemals existiert hätte, wäre das für einen Buddhisten von geringer Bedeutung. Denn es ist nicht wichtig, woher die Lehre kommt, sondern dass sie überhaupt existiert.
Selbst bei Verunglimpfungen dieser Lehrreden oder sogar Buddhas selbst würde sich der Buddhist niemals persönlich angegriffen fühlen.

Nun stellt sich aber die Frage, warum Buddhisten doch vor den Statuen Buddhas scheinbar beten. Es handelt sich hierbei nicht um ein Gebet, sondern vielmehr um ein stilles Gedenken an einen überaus weisen Mann sowie dessen Lehre, wofür der Buddhist zutiefst dankbar ist. Dieses stille Gedenken erfolgt in tiefer Zuneigung zu Buddha und seiner Lehre und sie erfolgt immer auf Augenhöhe.

Die Schulung des Geistes, immer auf der Suche nach dem wahren Wissen über die Dinge, ist das oberste Ziel dieser Lehre.

Jeder von uns versucht sein Leben so gut wie möglich zu meistern. Den Herausforderungen des heutigen Alltags standzuhalten und dabei noch ein glückliches und zufriedenes Leben zu führen. Das ist nicht für jeden Menschen einfach. Vor allem sind die Voraussetzungen für jeden Menschen unterschiedlich. Der Wunsch allerdings ist überall identisch.

Leid zu vermeiden und Glück zu erlangen

Um im Leben sein Glück zu erlangen, ist es notwendig, Kompromisse einzugehen, seine Mitmenschen zu berücksichtigen und dabei niemandem zu schaden.
Dieses Buch sollte Ihnen eine von vielen Möglichkeiten aufzeigen, welche unterstützenden Maßnahmen Sie wählen können, um diesen Weg einfacher und gelassener, mit mehr Freude und Zufriedenheit zu gehen.

Denn diesen Weg hier und heute gehen wir nur einmal.

Ende

Begriffserklärungen

A)

Achtfacher Pfad
Der Weg, der zum Ende des Leidens führt, ist der Achtfache Pfad. Dieser muss begangen werden.

Abtreibung
Dem Recht der Selbstbestimmung wird im Buddhismus ein großer Raum eingeräumt. Ob eine Frau ein Embryo oder Kind austragen möchte, obliegt in erster Linie ihr selbst. Da im Buddhismus jedes Wesen sein Leben ungezwungen und nicht von anderen beeinflusst oder unterdrückt führen soll.

Anhaftung
Solange wir an der Dualität festhalten und unsere wahre Natur nicht erkennen, glauben wir, in äußeren Gegebenheiten unser Glück zu finden. Wir wollen Dinge festhalten, um unseren gefühlten Wert zu erhöhen. Wir erleben unser Glück nicht in uns selbst, sondern nur in Verbindung mit einem äußeren Besitz.

Ashoka (König)
Unter der Schirmherrschaft des Königs Ashoka und dem Vorsitz des Mönchs Moggaliputta Tissa kam das 3. Konzil ca. 300 v. Chr. zusammen.

Askese

Zu damaliger Zeit versuchten Mönche mit Askese einen höheren geistigen Bewusstseinszustand zu erreichen. Hierbei war es wichtig, sich von allen Begierden und Bedürfnissen zu lösen.
Dazu gehörte auch der Verzicht auf Nahrung und Wasser. Es wurde nur so viel zu sich genommen, um den Körper in einem lebensfähigen Zustand zu erhalten. Obwohl Buddha vor seiner Erleuchtung in extremer Weise in Askese lebte, fand er doch später heraus, dass ihm diese Lebensform auf seinem Weg nicht von Nutzen war. Er wandte sich von der Askese ab und setzte später die extreme Askese sogar gleich mit der auferlegten Qual eines Lebewesens. Da sein Weg der Weg aus dem Leid war, war die Askese nicht zum Bestandteil seiner Lehre geworden.

B)

Benares

Hier predigte Buddha erstmals vor den fünf Asketen, welche er kurze Zeit nach seinem Auszug aus dem väterlichen Palast traf und sich ihnen anschloss. Damals enttäuscht von Siddhartha, als er dem asketischen Leben den Rücken kehrte, wurden sie nun durch seine Predigt und Entschlossenheit überzeugt. Mit ihnen gründete er seinen ersten Mönchsorden (Sangha). Die „Predigt von Benares" war der Beginn des Buddhismus. Hier legte Buddha erstmals die Grundgedanken dieser allumfassenden Lehre dar.

Beten Buddhisten
Wenn der Buddhist vor einer buddhistischen Statue kniet, macht es durchaus den Eindruck, als würde er beten. Das ist aber nicht der Fall. Er ist vielmehr Buddha dankbar für die Erkenntnisse, welche heute die Lebensgrundlage für so viele Menschen bilden, sowie seiner Lehre gegenüber und verneigt sich vor dieser. Zwischen dem Buddhisten und dem Buddha gibt es keine Distanz, nur eine tiefe Verbundenheit.

Bodhi Baum
Hierbei handelt es sich um den Feigenbaum (Pappelfeige) in Bodhgaya, dem damaligen Uruvela (Bundesstaat Biharin Indien), unter dem Siddhartha mit 35 Jahren zum Buddha wurde und die Erleuchtung erlangte. Es wird gesagt, dass der heute dort stehende Feigenbaum aus den Wurzeln des damaligen Baumes entstand.

Buddha
Buddha ist eine Titulierung in ehrwürdiger Form von „der Erwachte" oder „der Erleuchtete".

Buddhist
Wenn sich ein Mensch entscheidet, Zuflucht zu den drei Juwelen (Buddha, Dharma und Sangha) zu nehmen, und sein Leben in Zukunft nach der Lehre Buddhas ausrichtet, ist er Buddhist.

D)

Daoismus
Der Daoismus/Taoismus ist eine der drei hauptsächlich in China verbreiteten Lebensphilosophien. Dazu gehören noch der Konfuzianismus sowie der Buddhismus. Der heute weit verbreitete Zen-Buddhismus enthielt im Ursprung einen hohen Anteil des Daoismus.

Dharma
Dharma ist ein Begriff für die Lehre Buddhas. Sie beinhaltet keine Gottgläubigkeit oder auferlegte Dogmen. Aus diesem Grunde erhebt sie auch nicht den Anspruch auf die alleinige Wahrheit. Im Gegenteil, aufgrund der Offenheit und Gleichheit allen Menschen gegenüber stand dem Dialog auch mit anderen Glaubensrichtungen nichts im Wege. Ziel der Lehre ist der Weg aus dem Leid zum vollkommenen Glück, zur Ausgeglichenheit und zum Zustand der vollendeten Harmonie. Der Weg zeichnet sich aus durch Meditation und ethisches Verhalten. Mit weltweit etwa 400 bis 500 Millionen Buddhisten ist der Buddhismus die viertgrößte Religion der Erde. Ursprünglich in Südost- und Ostasien verbreitet nahm die Ausbreitung in alle Richtungen stetig zu. Am weitesten verbreitet ist der Buddhismus heute in China, Bhutan, Japan, Kambodscha, Laos, der Mongolei, Myanmar, Sri Lanka, Südkorea, Taiwan, Thailand, Tibet und Vietnam. Im Gegensatz zu den asiatischen Ländern, in denen die

verschiedenen Schulrichtungen eher getrennt voneinander gesehen werden, erlangte der Buddhismus im Westen in seiner vollen Breite eine starke Akzeptanz.

Dharmarad
Die Lehre Buddhas wird auch „Das Rad des Dharma" genannt. Die Form eines Kreises macht das Rad zum Symbol für die Unendlichkeit. In der buddhistischen Lehre wird das Rad auch Dharmarad genannt. Das Rad hat acht Speichen, wobei sich jede Speiche auf einen Pfad des achtfachen Pfades bezieht. Die Geschichte besagt, dass es früher Könige gab, welche die ganze Welt beherrschten. Neben ihren gewöhnlichen Reichtümern verfügten sie auch über ein sehr kostbares Rad. Mit diesem Rad konnten sie um die ganze Welt reisen. Wo auch immer ein König mit diesem Rad eintraf, beherrschte er kurze Zeit danach das ganze Land. Buddhas Lehre wird als eben dieses kostbare Rad bezeichnet, da überall, wo die Lehre Buddhas angehört wird, die Menschen die Möglichkeit haben, darüber nachzudenken und die Lehre in ihr Leben zu integrieren.

Dogma
Ein Dogma ist eine festgelegte Definition eines Vorganges, einer Meinung oder Ansicht. Hierbei kann es sich u. a. auch um göttliche Gebote handeln. Die reale Richtigkeit wird nicht mehr

gesucht, da das Gesagte oder Definierte als wahr feststeht.

E)

Erleuchtung
Mit Erleuchtung wird der geistige Zustand bezeichnet, in welchem wir die Grenzen der Dualität verlassen und die wahre freie Natur des Geistes erkennen.

Erlösung
siehe Erleuchtung

F)

Die buddhistische Flagge
Die buddhistische Flagge ist am 28.04.1885 in Sri Lanka entstanden. Entworfen wurde die Flagge von buddhistischen Aktivisten des Colombo Committee. Die ursprüngliche Intention der Flagge war, die symbolische Einigung der verschiedenen buddhistischen Richtungen zu zeigen.

G)

Geistenergie
Im Buddhismus gibt es keinen Anfang und kein Ende. Auch das Leben eines Wesens ist in einem ewigen Kreislauf gefangen. Der Körper eines Wesens mag sterben und zerfallen, die Energie des Geistes (vgl. Christentum: Seele) aber bleibt bis zu ihrem Eintritt ins Nirwana im ewigen Kreislauf und wird sich unter der Einwirkung des Karmas einen neuen Körper suchen.

Geshe (tibetischer Buddhismus)
Geshe ist eine Titulierung, welche durch ein Studium in vier verschiedenen Graden erreicht werden kann. Sie werden als Hüter des buddhistischen Wissens bezeichnet und werden an Klosteruniversitäten ausgebildet. Um den vierten und höchsten Grad zu erlangen, werden bis zu 20 Jahre intensiven Studiums benötigt. Demzufolge ist ein Geshe kein spiritueller Lehrer, sondern ein Gelehrter mit hoher fachlicher Ausbildung.

Guru
Der Begriff Guru wird im Westen nicht gerne verwendet, da er mit blindem Gehorsam und Scharlatanerie in Verbindung gebracht wird. Das trifft im Buddhismus nicht zu, da die Schüler gemäß der Lehre Buddhas wissen, dass der

Lehrer zwar sehr wichtig, aber seinen Worten nicht blind zu vertrauen ist.

H)

Hinayana
Es war nur einem bestimmten Personenkreis vorbehalten, die Lehre im Theravada kennenzulernen. Von den Anhängern des Mahayana wird diese Richtung geringschätzig Hinayana, also Kleines Fahrzeug, genannt. Diese Nennung wurde als diskriminierend eingestuft und wird daher kaum noch verwendet.

Hochzeit/Heirat
Der buddhistische Weg sieht eine Hochzeit nicht als Mittel zur Beseitigung des Leids im Sinne der vier edlen Wahrheiten. Vielmehr ist es ein individuelles Abkommen zweier gleichberechtigter Menschen. Der Buddhismus kennt insofern auch keine vorgegebenen Hochzeitsrituale, so wie es in anderen Religionen der Fall ist. Die Hochzeitszeremonien und Rituale können landesüblich sehr voneinander abweichen.

J)

Die drei Juwelen
Erstes Juwel: Der Buddha, auch genannt der Erwachte bzw. der Erleuchtete.

Zweites Juwel: Dharma, die Lehre Buddhas.
Drittes Juwel: Sangha, die Gemeinschaft.

K)

Karma
Karma steht für Handlung, Tat, Wirken. Es ist der Begriff für das Gesetz von Ursache und Wirkung.

Karmapa
Der jeweils amtierende Karmapa ist das Oberhaupt der Karma-Kagyü-Schule (tibetischer Buddhismus) und stellt die Reinkarnation des vorherigen Karmapa dar.

Kathavatthu
Das Buch Kathavatthu wurde im Verlauf des 3. Konzils 300 v. Chr. verfasst. Zusammen mit den niedergeschriebenen Lehrreden des Buddha und der Sammlung der Ordensregeln bildet es die älteste Zusammenfassung buddhistischen Schriftgutes.
Die Schriften im Buch Kathavatthu wurden als Grundlagen der buddhistischen Lehre festgelegt.

Keuschheit
Die Mönche leben in Keuschheit, da sie lernen, den weltlichen Dingen zu entsagen. Sollte das Gebot der Keuschheit nicht bestehen, würde der

Umgang mit dem Gefühl der Begierde nicht trainierbar sein.

Konzile
Die Konzile dienten der genauen Übermittlung der Lehre Buddhas für die nachfolgenden Generationen. Zum ersten Konzil kamen die Schüler Buddhas kurz nach seinem Tod zusammen. Hier wurde erstmals die Lehre des Buddha (Dharma) und die Mönchsregeln (Vinaya) festgehalten. Ca. 100 Jahre später wurde das zweite Konzil einberufen. Hauptthema war die Diskussion der Mönchsregeln. Zu diesem Zeitpunkt gab es bereits eine Vielzahl von Gruppierungen und somit unterschiedlicher Auslegungen der ursprünglichen Lehre Buddhas.
Später folgten weitere Konzile, wobei aber nur diese ersten beiden von allen buddhistischen Richtungen anerkannt werden. Unter der Schirmherrschaft des Königs Ashoka und dem Vorsitz des Mönchs Moggaliputta Tissa kam das 3. Konzil ca. 300 v. Chr. zusammen. Ziel war es, sich wieder auf eine einheitliche, allgemeingeltende buddhistische Lehre zu konzentrieren. Alle Gruppen und Personen, welche nachweislich die Lehre Buddhas falsch auslegten, sollten aus der Gemeinschaft ausgeschlossen werden. Im Verlauf des Konzils wurde zu diesem Zweck das Buch Kathavatthu verfasst. Zusammen mit den niedergeschriebenen Lehrreden des Buddhas und der Sammlung der Ordensregeln bildet es die älteste

Zusammenfassung buddhistischen Schriftgutes. Die Schriften im Buch Kathavatthu wurden als Grundlagen der buddhistischen Lehre festgelegt.

L)

Lama
Hierbei handelt es sich um die Titulierung eines buddhistischen Lehrers. Viele von ihnen sind auch als Geshe in einer Klosteruniversität ausgebildet worden, was aber für diesen Titel keine Pflicht darstellt.

Leid
Ein ganz wichtiger Aspekt im Buddhismus sind die vier edlen Wahrheiten. Sie erläutern den Kern der buddhistischen Ansicht und die Möglichkeiten, damit umzugehen. Neben dem Wissen über den achtfachen Pfad ist dieses Thema eines der bedeutendsten im Buddhismus. Hierauf baut alles auf.
In den verschiedenen buddhistischen Schulen werden die „Vier Edlen Wahrheiten" leicht unterschiedlich dargestellt.
Grundsätzlich können wir sie aber wie folgt bezeichnen:

- Das Leben ist Leiden
- Es gibt eine Ursache für dieses Leiden
- Es gibt ein Ende dieses Leids
- Es gibt einen Weg, der zu diesem Ende führt

M)

Mahayana
Im Mahayana, auch Großes Fahrzeug genannt, versucht der Übende nicht nur die Erlösung für sich, sondern für alle Wesen zu erlangen. Dafür übernimmt der Übende die alleinige Verantwortung. Großes Fahrzeug versinnbildlicht die Möglichkeit, alle Menschen mitzunehmen auf der Fahrt zur Erleuchtung. Mahayana ist somit im Gegensatz zum Theravada allen Wesen gegenüber offen und nicht nur wenigen Einzelnen.

N)

Nirwana
Nirwana ist kein Land oder Ort, sondern der Zustand des Erlöschens von Gier, Hass und Verblendung sowie das damit einhergehende Ende des Leidens. Nirwana ist also ein Zustand auf geistiger Ebene.

P)

Predigt von Benares
Die Predigt von Benares war der Beginn des Buddhismus. Hier legte Buddha erstmals die Grundgedanken dieser allumfassenden Lehre dar. Im Anschluss durchzog er von nun an Nordindien und verkündete überall seine Lehre.

R)

Rahula
Im Alter von ca. 16 Jahren wurde Siddhartha mit seiner Cousine Jasodhara, einer Prinzessin, verheiratet. Sie stammte aus einer angesehenen Shakya-Familie. Es wird allerdings davon ausgegangen, dass es sich hierbei nicht um eine Liebeshochzeit handelte. Es wird behauptet, dass Siddhartha mit dieser Ehe daran gehindert werden sollte, den königlichen Hof zu verlassen. Aus der Ehe ging ein Sohn namens Rahula hervor.

Religion
Die Frage, ob der Buddhismus überhaupt eine Religion sei, wird häufig gestellt. Grundsätzlich müsste man sagen: Nein, Buddhismus ist keine Religion, da es keine Gottheit gibt. Das wäre aber nur die halbe Wahrheit. Wir sollten vielmehr von zwei Religionsarten ausgehen, der Glaubensreligion sowie der Erfahrungsreligion. Der Buddhismus ist eine Erfahrungsreligion ohne feste Gebote oder anderweitige Vorschriften. Im Buddhismus ist es nicht erstrangig, woran man glaubt, vielmehr ist es entscheidend, wie wir uns verhalten und wie wir mit unseren Mitmenschen umgehen (Karma). In den Glaubensreligionen ist ein Gott die zentrale Figur der Religion. Wie im Christentum, Judentum oder im Islam gibt die jeweilige Gottheit klare Regeln vor und verspricht im Gegenzug die Erlösung. Ein weiterer großer

Unterschied ist die fehlende Missionierung im Buddhismus.

S)

Samsara
Samsara stellt den ewigen Kreislauf der Wiedergeburten dar und ist damit das Gegenteil vom Nirwana.

Sangha
Unter dem Begriff „Sangha" versteht man die buddhistische Mönchsgemeinschaft. Um eine Sangha gründen zu können, müssen sich mindestens vier Mönche oder Nonnen zusammenfinden und eine Gemeinschaft bilden.

Schulrichtung
Die unterschiedlichen Zweige des Buddhismus wie Theravada, Mahayana, Diamantweg, Zen-Buddhismus oder tibetischer Buddhismus usw. sind in diesem Buch als Schulrichtung definiert.

Siddhartha Gautama
Buddha ist eine Titulierung. Mit bürgerlichem Namen hieß Buddha „Siddhartha Gautama" und wurde vor ca. 2.500 Jahren in Kapilawatthu im heutigen Nepal geboren. Über das genaue Geburtsdatum kann nur spekuliert werden. Die

Geburtsdaten werden mit 624 v. Chr. bis 563 v. Chr. angegeben.

T)

Tantra
Tantra ist eine Strömung innerhalb der indischen Philosophie und kam über den Hinduismus zum Buddhismus.

Theravada
Es ist die älteste noch existierende Tradition des Buddhismus. Diese Richtung führt auf jene Mönchsgemeinde zurück, die zu den ersten Anhängern des Buddhas gehörte. Sie wird auch südlicher Buddhismus genannt, da sich diese Richtung in erster Linie im Süden Asiens verbreitete. Sie galt damals als elitär. Nicht jeder durfte Zugang erlangen. Es war nur einem bestimmten Personenkreis vorbehalten, die Lehre im Theravada kennenzulernen.

V)

Vinaya
Die Mönchsregeln sowie die Lehre des Buddha wurden im ersten Konzil kurz nach dem Tod Buddhas von seinen Schülern festgehalten. Circa 100 Jahre später wurde das zweite Konzil einberufen. Hauptthema war die Diskussion der

Mönchsregeln. Zu diesem Zeitpunkt gab es bereits eine Vielzahl von Gruppierungen und somit unterschiedlicher Auslegungen der ursprünglichen Lehre Buddhas.

W)

Die vier edlen Wahrheiten
Ein ganz wichtiger Aspekt im Buddhismus sind die vier edlen Wahrheiten. Sie erläutern den Kern der buddhistischen Ansicht und die Möglichkeiten, damit umzugehen. Neben dem Wissen über den achtfachen Pfad ist dieses Thema eines der bedeutendsten im Buddhismus. Hierauf baut alles auf.

Wesen
Im Buddhismus wird anstelle von Mensch, Tier oder Pflanze das Wort Wesen verwendet, da vom Grundsatz her alle als gleichwertig zu betrachten sind. Niemand sollte sich über ein anderes Wesen erheben.

Wiedergeburt
Solange wir nicht die wahre Natur unseres Geistes erkennen, leben wir im Samsara, im ewigen Kreislauf der Wiedergeburten. Im Buddhismus gibt es sechs Formen der Wiedergeburt. In welcher wir wiedergeboren werden, hängt von verschiedenen Faktoren ab. Einer der Hauptfaktoren ist der

Zustand unseres Geistes unmittelbar vor und während des Todes.

Y)

Yoga
Yoga ist eine aus dem indischen Bereich stammende philosophische Lehre. Während heute im Westen vornehmlich nur körperliche Übungen mit dem Begriff Yoga verbunden werden, ist sein Ursprung sehr vielfältig. Yoga wurde seiner Lehre nach als Erkenntnisweg zu sich selbst genutzt. Atemübungen zur Kontrolle des Geistes ebenso ein Leben in Askese, um an die Grenzen des Selbst zu stoßen, waren die Inhalte des alten Yoga. Körperliche Übungen gehörten ebenfalls dazu, aber lange nicht in der Form, wie der Westen es heute durchführt.

Z)

Zentrum
Die buddhistischen Zentren sind Begegnungsstätten, in denen die Lehre Buddhas gelehrt wird. Weiter haben hier Interessierte die Möglichkeit, sich umfassend über den Buddhismus zu informieren. Es werden Unterrichte abgehalten und die Möglichkeit zum gemeinsamen Meditieren gegeben.

Um die Privatsphäre aller Beteiligten zu schützen, wurden einige Namen und Städteangaben neu vergeben.

Erstkontakt Buddhismus

Erstkontakt Buddhismus

Erstkontakt Buddhismus